# 初中生学业自我概念的实践研究

张美娟　著

天津大学出版社
TIANJIN UNIVERSITY PRESS

CHUZHONGSHENG XUEYE ZIWO GAINIAN DE SHIJIAN YANJIU

**图书在版编目（CIP）数据**

初中生学业自我概念的实践研究 / 张美娟著．—天津：天津大学出版社，2019.12

ISBN 978-7-5618-6553-8

Ⅰ．①初…  Ⅱ．①张…  Ⅲ．①初中生 – 学习动机 – 研究 – 中国  Ⅳ．① G442

中国版本图书馆 CIP 数据核字（2019）第 291167 号

| | |
|---|---|
| **出版发行** | 天津大学出版社 |
| **地　　址** | 天津市卫津路 92 号天津大学内（邮编：300072） |
| **电　　话** | 发行部：022-27403647 |
| **网　　址** | www.tjupress.com.cn |
| **印　　刷** | 北京盛通印刷股份有限公司 |
| **经　　销** | 全国各地新华书店 |
| **开　　本** | 185mm×260mm |
| **印　　张** | 11.75 |
| **字　　数** | 290 千 |
| **版　　次** | 2019 年 12 月第 1 版 |
| **印　　次** | 2019 年 12 月第 1 次 |
| **定　　价** | 48.00 元 |

# 序言

自我概念是心理学中最重要的研究领域，也是个体人格发展的核心问题。学业自我概念作为自我概念的重要组成部分，对预测学生的学业成就和心理健康水平等都有着重要的作用。

最近，教育部发布了《中国学生发展核心素养》总体框架，明确指出以培养“全面发展的人”为核心，这标志着中国基础教育已迈入核心素养的新时代。教育的最终目的，是通过教师的引导让学生成为学习、生活的主人，成为对社会有用的人，使学生的知识、能力、人格和谐发展。人格的发展决定着一个人的生命质量。

《初中生学业自我概念的实践研究》这部专著是作者结合自己近三十年的一线教学经历在其硕士学位论文的基础上编写而成的，该书具备以下几个特点。

一是选题针对性强。学业自我概念历来是心理学、教育学关注的难点和热点，学生的学习活动和身心健康与学生的自我概念密切相关。作者从实际工作出发，反思教育教学现状，对初中生学业自我概念的理论与实际进行了一定的研究工作，摸索总结出较成熟的理论模式和较完善的具体操作方法， 加强了初中生学业自我研究内容的系统性，丰富了初中生学业自我的理论内容。

二是研究过程严谨有序。作者在查阅了大量的国内外文献的基础上，确定了此课题。同时认真选取有针对性的研究工具，并严格施测，采用科学的统计方法对调查结果进行了计算。该研究遵循了科学性、系统性、教育性等心理学的研究原则，结果真实，结论可靠。

三是理论与实践相结合。从实践中发现问题，为行动而研究，再用研究成果指导教育教学实践，这是教育科研的真正意义所在。作者在理论研究的基础上，结合教育实践，从学生学业自我概念的内在和外在两大方面提出了相应的提升策略。书中既有在教师的指导下学生完成的成长档案、社会活动档案、优秀作文，又有教师撰写的转化案例、论文、研究报告，还有家长的教育心得，这些内容记录了作者对教育的实践与思考，体现了作者对教育事业的热爱。作者通过调查分析，查找出初中生学业自我概念形成的原因，并以此为依据提出相应的提升策略。

和作者相识是在我“心理与教育科学研究方法”的课堂上，我被其勤奋好学的精神所感动。后来她选择我作为她的论文指导教师，我欣然应允。作者在选题、查阅文献、问卷调查、论文写作上都花费了巨大的心血，很高兴看到她的研究现在以书的形式呈现出来。希望作者继续树立终身学习的观念，继续关注、解决教育教学实践中的问题，脚踏实地，潜心研究，不忘初心，不断进取，向着更高的教育理想迈进。

《初中生学业自我概念的实践研究》对理论研究和教学实践都具有一定的指导意义，作为作者的研究生导师，我愿意将此书推荐给广大的心理学工作者和教育工作者，也希望这本书能成为中学生的朋友。

天津师范大学教授

吴国来

2019 年 5 月 8 日

# 前言

德国著名作家约翰·保罗说：“一个人真正伟大之处，就在于他能够认识自己。”认识自己的过程艰难而曲折，并且贯穿人的一生。青少年成长中各类困惑的背后往往都是有关自我形象的问题，正确认识自我对一个人的成长尤为重要。

自我形象也称自我概念，是一个人在社会化过程中逐步形成和发展起来的。它不仅影响人的心理健康，而且影响人的成就水平。正如马斯洛所指出的那样，一个有稳固基础的自我形象是自我实现的先决条件。健康、正确的自我形象是成功人生、快乐人生的基础。

研究显示，自我概念是影响学生的学习成绩的重要因素之一，学生的学习活动和身心健康与学生的学业自我概念密切相关。教育家苏格拉底说：“教育就是把一个人的内心真正引导出来，帮助他成为自己的样子。”正因如此，自我概念才得到学者们的广泛重视。

自 20 世纪 80 年代起，国内外学者们就中学生学业自我概念的问题进行了研究，并取得了一定成果，但系统的有关初中生学业自我概念的研究还不多见。中学生，尤其是初中生，正处于成长的关键时期，其自我概念日趋成熟，培养学生积极、健全的自我概念是学校教育的重要任务。

本着“面向全体学生，关注每一个学生的兴趣爱好、情绪体验，使每一个学生都能主动、活泼地成长，每一个学生的潜能都得以发挥”的原则，本研究以心理学中最重要、教育学中最难的自我概念作为研究课题，从初中生学业自我概念这一新的研究视角出发，立足于初中生教育教学实践，具有一定的创新性和针对性。

为了全面了解、分析初中生学业自我概念的特点及其与学习成绩的关系，保证调查结果的代表性和普遍性，本研究以地处城乡接合部的天津市中北中学七、八、九年级的学生为研究对象，每个年级任意选取三个平行班，同时兼顾男女生比例，运用具有良好信度、效度的工具施测，从初中生学业自我概念的调查总体情况分析、学业自我概念在人口学变量上的差异、学业自我概念与学习成绩的相关分析、学业自我概念对学习成绩的回归分析、不同成绩分组学生的学业自我概念的差异分析等方面进行了调查，获取的数据真实可靠。同时，本研究采用 SPSS 17.0 统计软件对调查问卷所得数据进行计算处理，通过对数据的科学分析，为教育教学实践提供可借鉴的科学依据，并据此从学生自身和外在两大方面提出相应的提升策略。初中生学业自我概念的实践研究为中学的教育教学实践提供了一定的理论指导，丰富了自我概念研究领域的内容。

编者

2019 年 5 月

# 目录

# 第一章　导论

## 一、问题的提出

“认识自己”是由古希腊哲学家苏格拉底最先提出的，这句话被公认为是心理学的源头。从此，人类开始了对现实人生和自我意识的探索与研究。1890 年，詹姆斯在《心理学原理》一书中首次对自我进行了系统的研究，但之后有关自我的研究没有为人们普遍重视，直到近些年来，“自我概念”才成为国内外教育研究领域探索的重要主题。2001 年，国务院在《关于基础教育改革与发展的决定》一文中明确强调，要关爱、尊重学生的人格，按照学生身心发展的规律实施教育，帮助学生正确认识自我、建立自信，促进学生积极、乐观、主动地发展。

然而在大力提倡素质教育的社会背景之下，我国的基础教育往往过分关注学生的学业成绩，过分强调智育方面，而忽视了学生成长中的其他方面，尤其忽视了学生的心理健康，忽视了对学生建立积极、健全的自我概念的培养。

毋庸置疑，学生的生活重心在学校，完成学业是学生的本职任务，学业表现成为家庭、学校、同伴关注的焦点，加上社会文化价值崇尚成功，学业成绩就成为学生成长和发展的重要评估指标，每个学生都渴望学业成功，在学业上有所成就，学生对自身的看法直接受学业成绩好坏的影响。但是由于学生的不同特点和个性差异以及在学校生活中所面临的竞争和评价，不可能每个学生都取得令人满意的成绩，人们在关注学生的学业表现的同时却忽视了对学生伴随学业而产生的内心体验——学业自我的研究。

研究显示，自我概念是影响学生学习成绩的重要因素之一，学业成功的学生会认为自己的学习能力强，被他人重视，各方面都有优越感，学习的自信心也随之增强；学业失败的学生则会觉得自己很笨，不是学习的材料，从而产生强烈的自卑感。个人的自我概念越积极，其自控力就越强，就越能努力奋发地学习，其成就水平也就越高；相反，个人的自我概念越消极，学习压力就越大，自信心就越弱，自控力也就越差。对学业失败的学生而言，他们在不经意间经历着“失败—努力—再失败”的恶性循环，最终产生了习得性无助感，沉浸在自暴自弃与悲观绝望之中（刘儒德，2012），从而形成了消极的学业自我，随之引发一系列的心理问题，直接影响学生的学习和生活质量。一份来自中国青年报社会调查中心的调查结果显示，中学生最大的压力来自学业。此外，在望子成龙的心理驱使下，一些家长不考虑孩子的实际情况，不惜重金把孩子送进重点学校，让孩子接受名校教育；一些学生不能客观地分析自身的特点，盲目地把考上大学作为自己追求的唯一目标。家长的极端做法和学生错误的自我认知、自我定位，都加大了学生的学业压力，影响了学生的身心健康。

由上面的论述不难看出，学生的学习活动和身心健康与学生的自我概念密切相关。正因如此，自我概念才得到学者们的广泛重视，但由于自我概念内涵的复杂性，各种研究所涉及的对象有很大差异。因此，近年来，自我概念的构成成为部分学者研究的重点。结果表明，一般性自我概念是由特定情境的自我概念分化出来的，如 Shavelson（1976）认为：自我概念呈一种阶层性的结构，处于阶层顶点的是一般性自我概念；学业自我概念和非学业自我概念是一般性自我概念的两个构成要素，前者还可再具体划分成学科自我概念等；社会自我概念和躯体自我概念是非学业自我概念的组成部分。另有学者们的研究表明，学业自我概念与学生的学业显著相关。以“学业自我概念”为核心开展研究，可以了解学生在“学业”方面对自身的看法，而“学业”是学生学校生活中最重要和最具体的层面。中学生，尤其是初中生，正处于成长的关键时期，其自我概念日趋成熟，培养学生积极健全的自我概念是学校教育的重要任务。

基于以上考虑，本研究尝试对初中生学业自我概念进行探索，希望为中学的教育教学实践提供理论指导，丰富自我概念研究领域的内容，实现素质教育的目标。

## 二、研究的意义

### （一）有利于丰富初中生学业自我理论与实践成果

自 20 世纪 80 年代起，国内外学者们就中学生学业自我概念的问题进行了研究，并取得了一定的成果，但系统的有关初中生学业自我概念的研究还不多见。本研究从“初中生学业自我概念”这一新的视角出发，本着“面向全体学生，关注每一个学生的兴趣爱好、情绪体验，使每一个学生都能主动、活泼地成长，每一个学生的潜能都得以发挥”的原则，立足于初中生教育教学实践，通过研究初中生学业自我概念的特点和关注初中生的学业体验，期望能够丰富初中生学业自我的理论研究，加强初中生学业自我研究的系统性、针对性，使得研究成果更好地服务于教育教学一线。因此，关于“初中生学业自我概念”问题的研究具有重要的理论意义。

### （二）有利于提高学校的教育教学质量

笔者调研的学校是一所位于城乡接合部的普通初中学校，由于受应试教育以及生源复杂等因素的影响，虽然学校管理的重点在升学率上，教师辅导的重心也在学优生身上，但升入高中的学生只占少数，成绩差的学生往往更牵扯教师的精力，这些学生大多存在自卑、压抑、自暴自弃等心理问题，大部分学生处于被动学习的状态，有些学生还存在行为问题，再加上教师的学生观不同，最终导致学校整体的教学质量不容乐观。

叶澜教授曾说过:“没有教师的发展,难有学生的发展；没有教师的解放,难有学生的解放；没有教师的创造，难有学生的创造；没有教师的转型，难有学校的转型。”

因此，要改变教育现状，要从学校转变办学思路，教师改变教学观念开始，只有教师树立发展的学生观，在尊重学生人格的前提下，提升学生的学业自我概念水平，才能从根本上提高学校的教育教学质量，从而促进学校的发展。

### （三）有利于促进初中生健康成长

伴随着自我概念的发展，我国中学生还面临着巨大的学业压力，学生积极的学业自我概念和健全的人格源于学业的成功。相反，学业上的失败会使学生产生焦虑、自卑等不良情绪，对学生的人格适应产生极大的不良影响。一些对自我概念与心理健康的关系的实证研究已经证明了这一点（郗浩丽，王国芳，2005）。初中生正处于身心发展急剧变化的时期，生理和心理尚未成熟，人生观、世界观正在逐步形成，也易受到外界一些因素的影响，需要家庭、学校、社会各方面为学生营造一个良好的成长环境，为学生指明人生方向，帮助学生把握好人生坐标。尤其是学校教育，要最大限度地挖掘学生的潜力，因人施教，使学生都能在自己的“最近发展区”得到发展，为学生提供适切的教育，促进学生健康成长。

笔者在所调研的学校从事一线教育教学工作近三十年，对部分学生因学业上的失败而产生的种种消极体验现象感触颇深，从实际工作出发，开展调查研究，可以很好地了解城乡接合部初中生学业自我概念的现状，帮助学生正确认识自我，提高学生的心理健康水平。

### （四）有利于营造和谐的家庭、社会氛围

现代家庭大多是独生子女，孩子是家庭的未来和希望。在现实生活中，大多数家长对孩子的学业成绩关注较多，却忽视了他们的学业体验，许多孩子每天背负着巨大的学业压力生活，殊不知孩子身心健康成长才是家庭幸福的源泉，家庭幸福又是社会和谐的前提，社会的和谐发展、教育的和谐发展与人的和谐发展构成一个不可分割的统一整体。因此，研究初中生学业自我概念问题具有深远的社会意义。

## 三、研究的理论依据

本研究是建立在国内外教育教学改革的理论和实践成果的基础上的，下述理论和实践是本研究的依据。

### （一）人本主义学习理论

人本主义学习理论认为学习是人固有能量的自我实现过程。其主要代表人物是马斯洛和罗杰斯。该理论既关注学生认知的发展，又关注学生情感、兴趣、动机的发展规律，强调学生学习内部动机的重要性，看到了学生在学习中的主动性和积极性，重视经验对个人的意义，关注人与人的关系，“注重对学生内在心理世界的了解，以顺应学生的兴趣、需要、经验以及个性差异，开发学生的潜能，激发其认知与情感的相互作用，重视创造能力、认知、动机、情感等心理方面对行为的制约作用”。人本主义强调学习形成自我，促进自我实现，并把学习看作通向健康生活的钥匙，明确了学习对自我的发展具有极为重要的作用。

### （二）多元智能理论

美国著名发展心理专家、哈佛大学教授霍华德·加德纳博士早在20世纪80年代就提出了多元智能理论，这个理论认为人类的智能是多元化而非单一的，主要由语言智能、数学逻辑智能、空间智能、身体运动智能、音乐智能、人际智能、自我认知智能、自然认知智能八项组成，每个人都拥有不同的智能优势组合。拥有不同智能优势组合的人成了不同职业和各个方面的专家。

多元智能理论视野下的教育思想主要有以下几点。

第一，乐观的学生观。加德纳认为每个学生都有自己的智力强项和学习风格。如果考虑这些差异，学校教育就会产生最大的功效。

第二，因人而异的教学观。由于学生的智能千差万别，教师应根据学生个体的特点采用适宜学生发展的教学手段、方法和策略，让学生学有所长，并给予每个学生最大限度的发展机会。

第三，多元的评价观。加德纳提出了建立以“个人为本”的真实评价系统，提倡将学生的观察记录、成果展示、录音、录像、图片、表格、个别谈话记录等都放进学生的个人档案袋中，用档案袋来记录学生的整个学习过程。学校教育要注重开发学生的智力强项，用多把“尺子”来评价学生的发展，使每个学生的优势都尽可能得到最大限度的发展。

### （三）孔子“因材施教”的思想

“因材施教”思想把全面、深入了解孩子，注重个体差异作为教学实践的前提条件。它注重在对学生充分了解的基础上，根据学生的智力水平、个性特点、年龄特征、兴趣爱好、气质才能等，采用相应的教育方法。教师实施教学时，不仅要了解学生的实际发展水平，更要了解学生的潜在发展水平，既注重学生的个性特长，以此确定培养目标，又注重学生的个体差异，教学时因人而异，长善救失，寻找其最近发展区，从而促使学生发展。

## 四、研究的创新点

### （一）选取初中生这一群体的学业自我概念进行系统研究

近些年来，就中学生学业自我概念的问题，国内外学者们开展了广泛的研究，也取得了一定的成果，但系统的有关初中生学业自我概念的研究还较少。本研究把城乡接合部这一特定区域内的一所普通初中学校学生的学业自我概念作为研究内容，不仅可以丰富有关学业自我的研究成果，还能很好地指导教育教学实践工作。

### （二）研究具有较强的针对性

自我概念是心理学中最重要、教育学中最难的概念，提升学生的自我意识是培养学生的主体能力的重要基础，本研究选取初中生这一群体的学业自我概念进行调查研究，具有一定的创新性和针对性。本研究首先选取了具有良好信度、效度的研究工具，通过调查获取了可靠的研究数据，提高了研究的真实性和科学性；其次通过对数据的科学分析，为教育教学实践提供了可借鉴的科学依据，并据此提出相应的提升策略，对提高教育质量有相应的指导作用。

## 五、研究假设

### （一）初中生学业自我概念在人口学变量上存在差异

见后文。

### （二）初中生学业自我概念与学习成绩之间存在一定的关系

见后文。

# 第二章　文献综述

## 一、学业自我概念的内涵

### （一）自我概念

早在古希腊时期，“认识你自己”这句刻在德尔斐神庙上的名言就激励着人们不断探索自我、实践自我、超越自我。自此，人类开始关注自我，对自我进行认知。人类在对自我不断认知的过程中推动社会进步，这是因为人类自我认知的过程本身就是一个社会化的过程。

1890年，最早的比较完整的自我概念理论由著名心理学家威廉·詹姆（William James）在《心理学原理》一书中首次提出，他是在科学心理学诞生之后，真正从科学的角度研究自我的第一人。他把自我概念分为主体的我（I）和客体的我（me）两部分，前者指作为主体的个人的纯粹经验，后者指作为主体的个人所得经验的内容，客体的我包括物质的我、精神的我和社会的我三种不同的形式。在随后的近百年时间里，许多学者从不同的关注层面和不同的研究角度对自我概念开展了广泛而深入的研究，并积累了大量的成果。

心理学家库利（Cooley）于1922年提出了“镜像自我”的概念，他认为他人对自己的判断直接影响自我概念的形成，其中处在成长期的儿童和青少年对自我的认知主要建立在他们生活中的“重要他人”的评价的基础上（黄希庭，2002）。

人本主义心理学家罗杰斯（Rogers，1902—1987）的自我理论受到了学者们的广泛关注，他在其著作《论人的成长》中首次正式明确地提出了自我概念的定义。他把自我概念分为现实自我和理想自我两部分，强调自我概念具有知觉功能和调控功能。

国内学者朱智贤（1990）认为自我概念又称自我观念，是一个人对自己的个性进行自我调节的心理系统。

黄希庭等人（2002）认为，自我概念是一个多层次、多维度、有组织的结构，是个体对自己各个方面的知觉。

雷雳和张雷（2003）认为，对健全的人格来说，自我概念最重要的组成部分也许是作为充分发挥作用的人的理想、信念或其他抽象概念。另有学者（詹启生，乐国安，2003）从信息安全的角度将自我概念分为浅层自我、深层自我与中层自我等。

周宗奎（2007）指出，自我概念是个体关于自己各方面信念组成的心理结构，包括个人对自己的个人特征、成长变化、行为习惯的设想和描述，其作用在于引发、解释、组织、传递、调节内心及人际的行为和活动。

就自我概念的结构讲，它是一个复杂的复合概念。大多数学者认为自我概念包括学业的、社会的、躯体的、情绪的多个层面。

综上所述，自我概念也称自我观念、自我形象，是个人对自身的知觉，是一个人在其社会化过程中逐步形成、建立和发展起来的，是个体对自我以及自己与周围环境的关系的多方面、多层次的认知、体验和评价，是个体关于自我的全部思想、情感和态度的总和。自我形象不仅影响人的心理健康，而且影响人的成就水平。正如马斯洛所指出的那样，有稳固基础的自我形象是自我实现的先决条件。

### （二）学业自我概念

学业自我概念从一般自我概念分化而来，是 Shavelson 等人于 1976 年第一次提出来的，自此，自我概念的研究内容更加具体，研究重点由自我概念转向学业自我概念。

由于自我概念是个体对自我全方位的知觉，是个体关于自身及自己与周边环境关系的全部思想、情感和态度的总和，所以，自我概念应包含认知、情感和评价三种心理成分，学业自我概念也是如此。具体来讲，这主要依据三种不同的界定角度。

首先是豪斯（House，1992）从认知的角度界定，他认为，学业自我概念是学生对自己能否顺利完成学业任务的一种预测和判断，是学生对自己学业能力的自我感知。

其次是从评价的角度界定，即学生对自己在完成学业任务的过程中的表现、能力做出评价。近几年来，许多心理学家倾向于把学生对自己学业各方面诸如知识、特长、能力长期形成的稳定的知觉和评价称为学业自我概念。

最后是马什（Marsh，1997）、Bong和克拉克（Clark，1999）从情感的角度界定，他们认为，学业自我概念除了包括认知维度外，还应包括学生的学业情感体验。

根据以上论述，本研究认为，学业自我概念应该包括认知、情感体验和评价三种心理成分，是学生个体在长期的学业环境中形成的对自己在学业发展中的学业能力、学业成就、学业情感以及方法等比较稳定的认知、体验和评价。

## 二、学业自我概念的结构

### （一）Shavelson 模型

1976 年，Shavelson 等人第一次提出自我概念的结构模型是多维度、多层次的，并将一般自我概念划分为学业自我概念与非学业自我概念，学业自我概念由一般自我概念分化出来，学业自我概念又被分为具体学科的自我概念，非学业自我概念又被分为身体、情绪、社会的自我概念，见图 2-1。

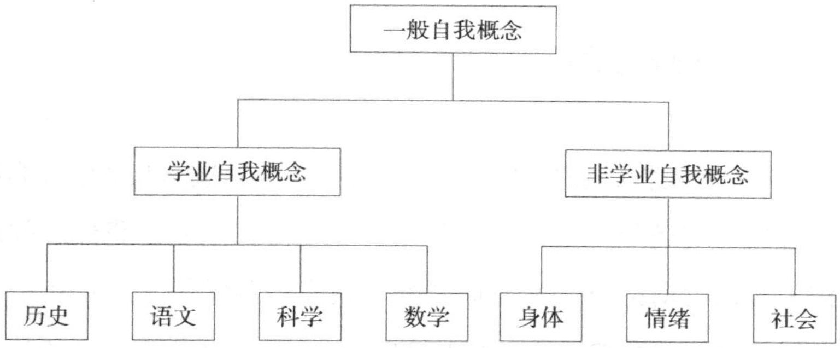


图 2-1 Shavelson 模型

### （二）Song-Hattie 模型

1984 年，Song 和 Hattie 对 Shavelson 模型进行了研究修正，Song-Hattie 模型把学业自我概念分为能力自我概念，即“个体对自身能力的自我知觉”；班级自我概念，即“个体在班级活动中的自信心”；成就自我概念，即“个体对实际成就的自我知觉”三个部分，见图 2-2。

图 2-2 Song-Hattie 模型

### （三）Marsh 及 Shavelson 模型

20 世纪 80 年代初，Marsh（1983）编制出了较完善的自我描述问卷（简称 SDQ）。Shavelson，伯恩（Byrne）和 Marsh 于 1988 年又提出了新的模型，用语文和数学自我概念来代表学业自我概念，下面又分各个具体学科领域的自我概念和一个学校自我概念，见图 2-3。

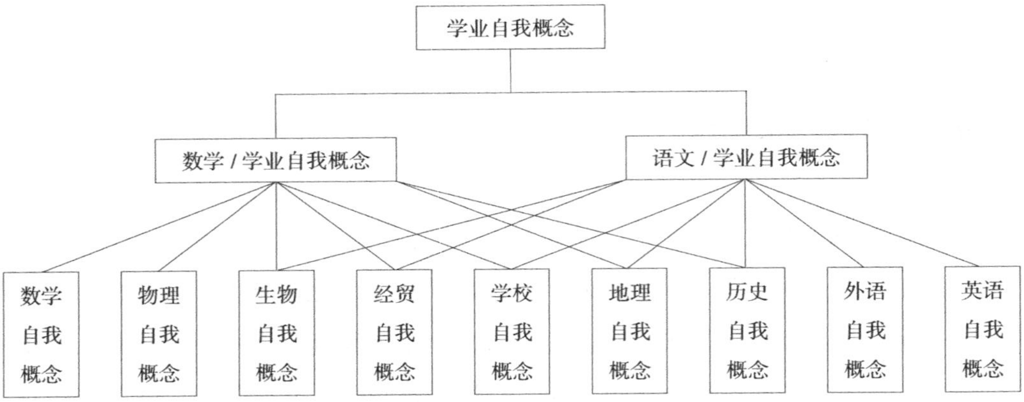


图 2-3 Marsh 及 Shavelson 模型

## 三、学业自我概念的研究现状

自 1976 年 Shavelson 等人将一般自我概念划分为学业自我概念与非学业自我概念以来，人们关于学业自我概念的研究还处于理论建构阶段，近几年，学业自我概念的研究开始重视应用性发展，在建构了理论的前提下，学者们开始重视发展各学科学业自我概念、学业自我概念中的参照系的作用，学业自我概念在教学中的应用以及学业自我概念和其他相关概念的相互影响（徐晓飞，2008）。

### （一）研究学业自我概念和学业成绩的关系

1979 年，怀利（R. C. Wylie）指出，一个人的成就与能力的测量、自我评价及总体的自我概念有很大关系。当个体面临重要的学业任务时，自我概念会起到相应的调节作用。因此，研究者开始关注学业成绩和学业自我概念的关系，按照研究种类可将其分为相关研究和因果研究。

#### 1. 相关研究

学业自我概念和学业成绩的相关研究主要集中在：学科自我概念和相应的学科成绩的相关研究；总体自我概念和学业成绩之间的相关研究；学业自我概念和学业成绩的相关研究（刘

玉新，2012）。

1）国外相关研究

马克思（Marx）与温恩（Winne，1980）测量了小学生学业成就与自我概念中“学业”“社会”“躯体”三个层面间的关系。结果显示：学业成就与非学业层面（即社会我、躯体我）间呈负相关，而与学业层面（即学业自我概念）间呈正相关。马什（Mash）与帕克（Parker，1983）等也发现学业自我概念与阅读科成绩间有低度的正相关。

2）国内相关研究

郭德俊、马庆霞、杨淑芬（1994）的研究显示，形成的自我概念恰当与否直接影响到学生学业成绩的高低。美国心理学家通过大量实验验证了自我概念与学业成绩的相关度在0.3 ~ 0.5。在智力相等的情况下，自我概念恰当的学生更能充分发挥自己的潜力，学习的积极性更高，能通过自身努力获得较好的学习成绩，而自我概念不太恰当的学生则不能充分发挥自己的潜力，学习的积极性不高，最终的学习成绩也不够理想。

刘晓陵、张进辅（2000）的研究表明高一学生物理学科的学习成绩和其学业自我概念相关。

姚计海等人（2001）的研究显示中学生自我概念与学习成绩有显著正相关。

李叶、田学红（2002）的研究结果也证实了初中生学业自我概念和学业成绩之间显著相关。

王中会、许燕（2005）的研究证明了学业自我概念对学业成绩的预测作用。

郭成（2006）的研究结果显示学业成绩不仅受学业自我概念的直接影响，学业自我还通过学业应对策略对学业成绩产生显著的间接影响，但不能清晰地表示学业自我概念与学业成绩之间的因果关系。

综上，学业自我概念和学业成绩之间存在着某种确定的关系。学业自我概念和学业成绩的相关研究的主要代表观点有以下几个方面。一是总体自我概念和学业成绩之间存在着中等程度或更小程度的相关性。二是学业成绩和学业自我概念的相关性大于和非学业自我概念的相关性。三是学科自我概念与相应的学科成绩之间存在着较大的相关性，大于非同一学科领域的自我概念与学科成绩之间的相关性。

**2. 因果研究**

对学业自我概念与学业成绩之间的因果关系，学者们进行了广泛的研究，形成了几种理论模型，即技能发展模型、交互影响模型、自我增强模型、发展观等。

技能发展模型理论认为，学业成绩为因，学业自我概念为果。因此，教育上的技能发展论强调：人性化的课程与教师得当的方法可以提高学生的学业自我概念。

交互影响模型理论认为学业自我概念与学业成绩之间是互相影响、互为因果的双向关系，学业自我概念既受学业成绩影响，又影响学业成绩。

自我增强模型理论认为学业成绩为果，学业自我概念为因。

发展观理论认为，因果关系会随着学生年龄的增长而发生变化，年幼的儿童表现为技能发展模型，年长的儿童和青少年表现为交互影响模型与自我增强模型。1990 年 Hagtvet 和 Shaalvik 以及 1997 年查普曼（Chapman） 和 Tunmer 的研究证实了这种发展趋势（张怀春，杨昭宁，2003）。

上述研究结论的差异可能是因为受到了下列因素的影响。第一，影响学业成绩的因素，既有自我概念，也有智力、人格、社会背景等因素，这些都需考虑在内。第二，所采用的研究工具各不相同，不宜做精确的比较分析。

### （二）研究学业自我概念的影响因素

目前，学术界研究的热点在于学业自我概念的影响因素，因为自我概念是一种复杂的心理，是在社会化过程中逐步形成和发展起来的，具有他人取向和自我建构这两个特点。所以，可以从个人属性影响因素和外部影响因素两方面来进行分析。

#### 1. 影响学业自我概念的个人属性因素

1）性别因素

Wylie 在 1979 年广泛回顾至 1977 年止美国有关自我概念的研究文献后指出，在任何年龄段，整体自我概念并无性别上的差异。但他同时指出，由于测量数据统计的问题，也不排除自我概念中特定层面中可能有性别差异存在。1984 年 Marsh 在澳洲的研究发现了极大的性别差异。

国内对中学生的学习进行研究的结果显示，男生和女生在学业自我概念方面有很大的差异。具体表现为：男生的学业自我概念明显比女生低，显著表现在数学自我方面，体现为初三女生的数学自我明显高于高一和高三，但对于男生，高三低于初二（姚计海，2001）。通过对初中生的研究发现，女生在语文自我、一般自我方面高于男生，性别差异显著；而在数学自我与学业自我总分方面性别差异不显著（李叶，田学红，2002）。

2）年龄因素

学生的自我概念并不是一成不变的，随着经验的逐渐积累，自我概念会发生变化。据李叶、田学红（2002）的研究：在初中阶段，自我概念的差异已体现得非常明显，表现为初三学生与初一、初二年级的学生在自我概念方面区别很大，但初一、初二年级间差异却不明显。再据黄丹媚、张敏强（2004）的研究：初高中学段学生的学业自我概念也存在一定的差异，初中生明显高于高中生。

3）归因方式

影响学业自我概念的又一因素为归因方式。根据张大均（1999）的观点，归因方式被划分为外部归因和内部归因。

学生的归因方式直接影响其学业自我概念水平。若学生把学业成功归于内因，那么学生会形成积极的学业自我概念；反之，若归因于外部因素，则几乎对学业自我概念无影响。把学业的成功归因于勤奋和能力的人被称为内部控制者，当他们面对失败的时候，也会把失败归因于努力不够，从而进一步提高自己的能力和努力程度；把学习成绩差归因于外部因素的人被称为外部控制者，相对于自身因素，他们更加倾向于将成功或失败的关键因素归结于外部因素起作用，他们通过外部因素获得信心，却对自身失望，对自己的努力一般不抱有希望，学业自我概念消极。成绩优秀的学生在学业能力方面的自我概念比成绩不好的学生正向，“低成就”的学生比较没有能力完成工作，较不渴望学习。

4）人格因素

个体的行为倾向当中能反映其人格特点的稳定部分一般被认为是人格特质，其具有持久性的心理特征，具体表现在个体的行为方面（林崇德，杨治良，黄希庭，2003）。

郭成（2006）的研究显示学业自我和相关人格因素显著相关，且对这些人格变量具有显著的预测作用。自我价值感对学业自我的影响最大，成就目标定向和学业应对方式对学业自我的影响次之，对学业自我概念影响较小的因素为心理健康和学业成绩，其中学业成绩的影响效应为正效应，而心理健康的影响为负效应，即心理问题对学业自我概念存在消极影响。

**2. 影响学业自我概念的外部因素**

自我概念并非与生俱来。婴儿在呱呱落地时并无自我意识，之后经过无数成长经验的累积分化而发展形成自我概念。在各种促进自我概念发展的来源中，重要他人的因素是重要的一项。个人针对重要他人对自身的态度，私下揣度其含义，并内化成为自我的一部分。

1）社会地位

社会地位是影响自我概念的因素之一，学者们发现，文化发达地区与文化不发达地区的学生学业自我概念的差异明显，发达地区具有与不发达地区相比优越的社会经济背景、社会环境和文化刺激等，但在学生学业自我概念方面却落后于文化不发达地区。这是因为在经济文化发展更好的社会环境中，竞争压力与冲突会使得个体对自我的肯定变得消极。

Song与Hattie（1984）以韩国中学生为样本的研究显示，社会地位因素能透过家庭心理特质因素（包括鼓励与期望，家中的教育活动、教育兴趣，父母对子女智商的评价以及奖惩）

直接影响学科自我概念。

2）学校因素

在儿童的成长环境中，父母、教师及同伴是主要的重要他人，教师对学生的自我概念、学业自我概念有巨大的影响。Stanis 早在 1958 年即着手研究教师的评价对学生的学业自我概念的影响。结果证实在达成相同的教学目标的过程中，实验组教师能通过改变对学生的评论促使学生改变对自我形象的认知；控制组则相反。而且实验组学生均有良好的适应性，较能知觉到被教师喜爱，较能接纳自己；控制组学生则有缺乏安全感的迹象。

我国学者的研究也表明，在小学及高中乃至大学阶段，教师对学生的评价会高度影响个体的自我概念发展水平（辛世敏，郝春东，2003）。

学校是学生学习活动的主要场所，学生学业自我概念的提升一般通过各种学习活动来完成。在学生自我概念的发展方面，教师对学生的态度、评价和行为起着至关重要的作用。因为教师是学生心目中的权威，他不仅将评价的信息输送给学生，而且影响其他学生对此学生的评价。而教师往往以成绩作为评价学生的标准，因而对成绩差的学生很难做出客观的评价。家长对自己孩子的评价往往依赖教师的评价，一旦教师的评价是消极的，家长的评价也往往是消极的，这就可能进一步强化学习较差学生的消极自我概念（唐晖华，刘志军，2006）。

在教育情境中，自我概念与学业成绩的关系由于他人的回馈评价而变得更加复杂。如果学生自认为优秀，则自然会有良好的表现，教师也因而对他产生好评；这种好评会增强学生的自尊，使他继续努力，表现卓越，遂形成良性循环。而学生一旦认为自己是个失败者，则会表现不佳，得到他人不好的评价，进而缺乏自信心，落入恶性循环之中。

著名教育家苏霍姆林斯基（2013）在《给教师的建议》中指出：个体在智力、道德和社会思想各方面自我形成的年龄期为少年期和青年早期。学生自我形成的过程、正常的精神发展取决于他在各种智力活动和劳动活动的各个领域和集体的关系中进行得是否深刻。一个少年成长为一个真正的人的前提条件是，他学会了研究周围世界，研究自己本身，并努力认识周围的事物和现象，认识自己的内心世界，通过自己的精神力量使自己变得更好、更完善。

因此，学生自我概念的发展与形成的主要因素是教育，学生形成良好的人际关系，养成良好的个性品质，成绩提高都是自我概念发展的有益影响（朱晓红，马莲，2004）。自我概念消极的学生在学业成绩上明显劣于自我概念积极的学生，因此让学生形成积极的学业自我概念是教育者非常重要的教育目标。

3）家庭因素

人们接触的第一个社会舞台应该是在儿童时期所接触的家庭，而父母则是孩子的老师，他们具体教育孩子如何接触社会。儿童学业自我概念的发展当然与父母的教育有着千丝万缕的联系。在儿童时期，学习具有举足轻重的作用，父母的言谈举止等都在不同程度上影响着孩子的学习和自我概念的发展，如言谈行为、教养态度、婚姻状况、对孩子的期望与评价等。

从婚姻状况来看，从国外大量的研究资料中不难看出对孩子的学业自我概念产生消极影响的一个重要因素是父母离异。董奇等国内学者的研究成果表明：完整的家庭当中的孩子在一般学校的表现、阅读、数学等方面显著优于再婚家庭的孩子。

从教养方式来看，方平（2003）等人的研究成果表明：权威型、专制型和放任型教养方式对孩子学业自我概念的形成有着不同的影响。前者对孩子追求目标、掌握目标有很大的帮助，而后两者由于不合理，阻碍了孩子对目标的把握，对孩子学业自我概念的形成有消极的影响。

从评价方式来看，根据雷雳的观点，父母的评价方式影响孩子学业自我概念的发展。如果父母经常采取消极的态度对待孩子，消极的态度渗透到一言一行当中，就会在有意无意之间对孩子的学业自我概念产生不好的影响。

教师与父母等重要他人能够影响个人的自我概念可能与其设定的目标有关，因为目标可以成为个人努力的动力，也可检验自身进步及显示他人关怀的程度，一个学生没有目标可供努力达成意味着他不被父母或教师所重视或关怀。

4）同伴因素

除了教师与父母之外，同伴对学生学业自我概念的影响也不容忽视。同伴所产生的影响来自以下两方面。

（1）通过彼此间的互动，使个人形成较清晰的自我形象，且在互动历程中，个体会将同伴的反应和评价内化，并依此来评价自己。

（2）在群体生活中，同伴之间难免有一定的竞争，获胜方会因为自己的能力强而被尊敬，而受挫失败方则会由于个人的表现不佳，在自我概念上产生被拒绝、被羞辱或被贬损的感觉。

综上所述，要了解学生的学业自我概念，既要考虑学生的自身因素，更要考虑重要他人的外在影响力。重要他人对个人所表现的赏罚褒贬的态度，所做的评估，对学生的学业自我概念具有极大的影响力。因此，全面探讨学生学业自我概念的影响因素，不仅有助于提升学生的学业成绩，还有利于学生身心的健康成长。

### （三）我国学业自我概念研究的特点

我国关于自我概念的研究已有三十多年的历史，虽取得了一定的成绩，但整体处于缓慢发展阶段，研究方法单一，研究手段过于西化，缺乏本土化的测量工具，研究领域狭窄，实用价值低。由于研究者主要在高校，研究对象大多为大学生，而对学业自我概念的研究价值而言，大学生群体远远低于初中生群体。

初中阶段是学生人生观、价值观、世界观形成的关键时期，学业发展是儿童、青少年生活的主要事件和内容，学业的成败不只是成绩的问题，更是关系到学生的人格健康和身心发展的大事。研究表明，积极的学业自我概念会促进个体产生积极的学业行为，从而使个体的学习潜能得到开发，学业成就得到提高，心理素质得到健全发展；消极的学业自我概念会阻碍个体的学习行为，使个体以逃避、退缩的应对方式对待学习，进而影响其学业成就。学业成绩牵动着中国亿万人民的心，而学业成绩又和学生的学业自我概念有着密不可分的关系，家长、学生、教育都需要科学引导。

至今，我国对中学生自我概念和学业自我概念的研究还很少，对初中生学业自我概念的研究更是少之又少。学者们研究的热点大多集中在教学方法、教学内容、学习策略等方面，但这些研究成果常因难以激发学习的内部动机而无法引导学生形成积极的学业自我概念，结果收效甚微。即使有涉足学生学业自我概念的研究也仅仅停留在表面层次，缺乏系统、深入的指导。本研究从一个中学一线教师的角度出发，选取初中生这一群体的学业自我概念进行调查研究，以期对教育教学实践起到相应的指导作用。

# 第三章　研究方法

## 一、研究对象

为了全面了解、分析初中生学业自我概念的特点及其与学习成绩的关系，保证调查结果的代表性和普遍性，本研究以地处城乡接合部的天津市中北中学七、八、九年级的学生为研究对象，每个年级任意选取三个平行班，同时兼顾男女生比例。笔者在三个年级共发放调查问卷360份，收回358份，剔除无效问卷21份，有效问卷337份，有效率为93.3%（具体情况附后）。学习成绩以近期的阶段性大考成绩为参照标准。从人口学特征变量的分布情况来看，调查的学生中男生172名，占总人数的51.0%，女生165名，占总人数的49.0%，男女生比例相当；从生源地来看，本地生186名，占总人数的55.2%，外地生151名，占总人数的44.8%；从年级来看，七年级学生117名，占总人数的34.7%，八年级学生126名，占总人数的37.4%，九年级学生94名，占总人数的27.9%，具体情况详见表3-1。

表3-1 调查对象情况统计表

| 分类 | | 人数（名） | 比重（%） |
|---|---|---|---|
| 性别 | 男 | 172 | 51.0 |
| | 女 | 165 | 49.0 |
| 合计 | | 337 | 100.0 |

续表

| 分类 | | 人数（名） | 比重（%） |
|---|---|---|---|
| 生源地 | 本地 | 186 | 55.0 |
| | 外地 | 151 | 44.8 |
| 合计 | | 337 | 100.0 |
| 分类 | | 人数（名） | 比重（%） |
| 年级 | 七年级 | 117 | 34.7 |
| | 八年级 | 126 | 37.4 |
| | 九年级 | 94 | 27.9 |
| 合计 | | 337 | 100.0 |

## 二、研究工具

本研究采用了西南大学郭成的“学业自我概念调查问卷”，该问卷是针对青少年编制的，采用5点计分方式，共22题。内容主要包括学业能力、学业体验、学业行为、学业成就等四个因素。每个维度的最后得分是该维度所有项目得分的平均数。问卷各因子的重测信度系数在0.823~0.912；整个问卷的重测信度系数为0.904。量表的各因素之间呈中等程度的相关，问卷具有比较好的结构效度。各维度和题项的分布情况详见表3-2。

表3-2 各维度和题项的分布情况

| 序号 | 维度 | 题号 |
|---|---|---|
| 1 | 学业能力 | 3、12、13、15、16、19、22 |
| 2 | 学业体验 | 1、5、7、9、14、21 |
| 3 | 学业行为 | 2、4、6、8、11 |
| 4 | 学业成就 | 10、17、18、20 |

学生从总体上对自己学业能力的认知和评价，称作“学业能力”。

学生从总体上对自己学业的情感体验，称作“学业体验”。

学生在整个学业活动中的行为倾向，称作“学业行为”。

学生对自己的学业成绩和学业价值的认知和评价，称作“学业成就”。

本研究采用以班级为单位的团体测试，测试由研究者主持，和班主任根据统一的指导语共同完成。问卷发放完毕后，主试以自然、和缓的语气解读指导语，回答注意真实性，时间为 30 分钟，在规定时间内完成所有题目，问卷答完即收回。

## 三、学生学习成绩的获得

本研究从学校教务处查阅参与测试的初中生近期的阶段性大考成绩，以此为参照标准，其中七年级包括语文、数学、外语、历史、地理、生物和政治七科，八年级除七年级的七科外，还包括物理，九年级包括语文、数学、外语、物理和化学五科。每个人按语、数、外三科满分各 120 分、其他科满分各 100 分进行平均计算，以每个人的各科平均分作为学习成绩。

## 四、统计方法

调查问卷所得数据采用 SPSS 17.0 统计软件处理。

# 第四章　初中生学业自我概念调查分析

## 一、初中生学业自我概念调查的总体情况分析

为了考察初中生学业自我概念发展的基本状况，本研究对参与本次调查的 337 名初中生在学业自我概念各维度上的平均数和标准差进行了统计，具体结果见表 4-1。

表 4-1 学业自我概念的基本情况及差异（$N$=337）

| 维度 | 平均数 | 标准差 | 自由度 | $F$ | $p$ | 事后比较 |
|---|---|---|---|---|---|---|
| 学业能力 | 2.79 | 0.88 | 3.100 5 | 72.90 | 0.000 | $a<b$，$a<c$，$a<d$ |
| 学业体验 | 3.06 | 0.94 | — | — | — | $d>b$，$d>c$ |
| 学业行为 | 3.01 | 0.98 | — | — | — | — |
| 学业成就 | 3.37 | 0.97 | — | — | — | — |

（1）从总体上看，初中生学业自我概念处于中等水平，即初中生对自己的学业发展缺乏积极、肯定的自我评价。

（2）从初中生学业自我概念的各个维度的得分看，其平均数处于中等水平，平均数最大的是学业成就（$M$=3.37），平均数最小的是学业能力（$M$=2.79），学业体验（$M$=3.06）和学业行为（$M$=3.01）两个维度的得分差异不显著。各个维度的平均数事后比较为：学业成就大

于学业体验，学业体验大于学业行为，学业行为大于学业能力。

从调查数据的结果可以看出，初中生学业自我概念的各个维度发展并不均衡，其中发展水平最高的是学业成就维度，发展水平最低的是学业能力维度，学业行为和学业体验维度的发展水平相差不大。由此可以看出，初中生在满意自己取得的学业成就的同时，并不能积极地自我认知和自我评价，表现为对自己学业行为发展方面的评价较低，而在自我学业能力方面的认知评价更低。这和 2006 年西南大学的郭成对全国青少年学业自我概念调查的结果一致。

由此分析可知，出现以上情况的第一个原因是：初中生的年龄大多在十一二岁到十四五岁，人们习惯称初中阶段为青春期、少年期和青年早期，心理学家称此阶段为暴风骤雨期、心理断乳期。初中的三年时间是学生个体生理加速发展的时期，初中生身体的各个部位发育迅速并趋于成熟，生理发育是心理发展的前提条件和物质基础，不过此时初中生的心理发展速度较生理发育速度而言相对平稳。生理和心理发展的不同步会造成初中生身心发展的种种矛盾。这一时期的学生有着丰富的情感，他们在心理上渴望独立，珍重友情并喜欢结伴而行；不愿与父母交流，对成人的依赖逐渐降低。身心的巨大变化，内心世界的发现，自我意识的觉醒，对独立自我的渴望，成为青春期学生的主要阶段特征。由于完成学业是学生主要的生活事件，学业成绩的高低直接影响学生学业自我概念的恰当与否。

出现以上情况的第二个原因是：本次研究选取的样本是城乡接合部的一所普通初中学校，该校属于初中基础薄弱校，这里的学生大多为农民子女和外来务工人员子女。随着农村城市现代化进程速度的加快，许多农民家庭分到了多处楼房，房屋租金成为家庭收入的主要来源，物质生活水平的提高使得一部分学生不思进取，安于现状，学习态度不端正，缺乏良好的学习、行为习惯，学习品质差，学习的惰性和厌学情绪极浓；而外来务工人员由于整天忙于生计，根本无暇顾及孩子的学习，致使孩子学习成绩落后，无论成绩高与低，学生对自己的学业成就都是满意的，他们认为自己就应该考这样的成绩，因此缺乏竞争意识，缺乏对自己学业自我概念的正确、积极的认知与评价。

出现以上情况的第三个原因是：在应试教育下教师的教学方法陈旧，学生的学习方式被动，导致学生学业能力水平低。教师为了片面追求成绩，一味采用灌输式的刻板的教学模式，在被动学习状态下的学生学习兴趣不易被激发，积极性很难被调动起来，更谈不上创造能力的提高。学生一旦成绩不理想，便被教师冠以“差生”的称号，久而久之，学生也会认为自己不是学习的材料。另外，由于学生在小学习惯了教师手把手的教学方式，学习方法不够灵活，到了初中，学习科目增多，学习方法改变，学习内容系统化、深入化，一部分学生由于在思想、心理等方面准备不够充足，不能尽快适应初中的生活环境，导致学习成绩落后，也会形成消极的学业自我评价。

## 二、初中生学业自我概念在人口学变量上的差异

为了更好地了解初中生学业自我概念的特点，我们从人口学变量的角度出发，从性别、生源地、年级等方面对初中生学业自我概念的现状进行调查和分析。

### 1. 性别差异分析

学业自我概念的性别差异分析如表 4-2 所示。

表 4-2 学业自我概念的性别差异分析

| 维度 | 性别 | *N* | 平均分 | 标准差 | *t* | *p* |
|---|---|---|---|---|---|---|
| 学业能力 | 男 | 172 | 2.67 | 0.92 | -2.40 | 0.017 |
| | 女 | 165 | 2.91 | 0.82 | | |
| 学业体验 | 男 | 172 | 2.84 | 0.96 | -4.48 | 0.000 |
| | 女 | 165 | 3.29 | 0.85 | | |
| 学业行为 | 男 | 172 | 2.85 | 1.03 | -3.01 | 0.003 |
| | 女 | 165 | 3.17 | 0.89 | | |
| 学业成就 | 男 | 172 | 3.18 | 1.03 | -3.83 | 0.000 |
| | 女 | 165 | 3.58 | 0.85 | | |

女生的学业自我概念在四个维度上的得分均显著高于男生，具体分析如下。

在学业能力维度方面，女生和男生的得分差异显著，$t=-2.40$，$p<0.05$，男生的平均分为 2.67，女生的平均分为 2.91，说明女生的学业能力自我概念显著高于男生。

在学业体验维度方面，女生和男生的得分差异显著，$t=-4.48$，$p<0.001$，男生的平均分为 2.84，女生的平均分为 3.29，说明女生对学业体验的积极意识显著强于男生。

在学业行为维度方面，女生和男生的得分差异显著，$t=-3.01$，$p<0.01$，男生的平均分为 2.85，女生的平均分为 3.17，说明男生在学业行为自主能力上劣于女生。

在学业成就维度方面，女生和男生的得分差异显著，$t=-3.83$，$p<0.001$，男生的平均分为 3.18，女生的平均分为 3.58，说明女生对自己学业成就价值的感知优于男生。

由此分析，出现以上情况的第一个原因是男女生的生理和心理特点不同。到了初中阶段，学生的成人意识和自我形象逐渐增强，这在男生身上表现得尤为突出。他们要摆脱成人对自

己的控制，力求成为自己生活的真正主宰，不愿意再做被动的服从者、适应者、执行者。他们对自己有较高的定位，对自己也寄予厚望，但受年龄的限制，自我监督能力较差，空有雄心壮志却意志脆弱，易受外界影响，做事易半途而废。这些导致他们不能用正确的方法解决问题，实际生活中的自我要求无法达到期望中的自我要求，结果造成理想“我”与现实“我”之间的矛盾，这使他们常常产生挫败感，当这种情况一再发生并无法调和时，他们便会丧失自信，产生无能感。再加上男生生性贪玩好动，较难适应眼前的情况，过度关注细节和刻板的学习生活，学校的教学内容和评价标准与男生所擅长的东西是相反的，他们往往“逆来顺受”，很难专心学习，极不利于自身的学习与成长，长此以往就会形成消极的学业自我概念。而女生比较细致认真，在表现力、成熟度、抗压能力、自我控制力等各个方面均优于男生，更容易适应学校的要求，更容易得到教师的赏识与喜爱，学习的热情更高，久而久之，她们在学业能力的知觉、学业的愉悦体验、学业行为的自控能力以及学业成就的价值感等方面均明显优于男生。

出现以上情况的第二个原因是家庭教育对男生的影响。由于样本所在地为城乡接合部，受我国传统观念的影响，重男轻女现象比较严重，男孩在成长过程中更多地被家长保护，甚至娇生惯养，导致男孩抗压能力差，缺乏胆量和担当，缺乏男子气概，不把完成学业当成自己的责任，再加上缺乏明确的学习目标，使得男生群体的学业自我概念水平不高。

出现以上情况的第三个原因是学业压力应对策略不同。学业压力应对策略是学生在面临学业压力时所采用的认知和行为方式。

为了更好地了解初中生学业自我的影响因素，笔者采用陈旭的学业压力应对策略量表对参与测试的学生进行了调查（见附录），该量表共有 70 个题目，包括维持性应对、主动应对、被动应对 3 个分量表共 13 种应对策略，该量表具有良好的信效度。调查结果显示，面对学业压力，采取维持性应对策略的学生最多，采取主动应对策略的次之，被动应对策略得分最低，说明采用被动应对策略的学生人数最少。男女生之间存在一定的差异，在被动等待上，男生的得分高于女生；在宣泄上，女生的得分高于男生；在解决问题上，女生的得分高于男生。遇到压力时，男生长期处于被动等待的状态，而不是积极面对，寻找解决问题的方法，不懂得及时宣泄不良情绪，长此以往，导致男生群体的学业自我概念低于女生。

### 2. 生源地差异分析

学生自我概念的生源地差异分析如表 4-3 所示。

表 4-3　学业自我概念的生源地差异分析

| 维度 | 生源地 | $N$ | 平均分 | 标准差 | $t$ | $p$ |
|---|---|---|---|---|---|---|
| 学业能力 | 本地 | 186 | 2.646 7 | 0.901 94 | -3.375 | 0.001 |
| | 外地 | 151 | 2.967 6 | 0.820 43 | | |
| 学业体验 | 本地 | 186 | 3.003 6 | 0.976 14 | -1.234 | 0.218 |
| | 外地 | 151 | 3.130 2 | 0.887 13 | | |
| 学业行为 | 本地 | 186 | 2.909 7 | 0.999 68 | -2.052 | 0.041 |
| | 外地 | 151 | 3.128 5 | 0.940 45 | | |
| 学业成就 | 本地 | 186 | 3.227 2 | 1.008 65 | -3.170 | 0.002 |
| | 外地 | 151 | 3.559 6 | 0.890 09 | | |

从表 4-3 中可以看出，外地生和本地生在学业能力、学业行为、学业成就这三个维度上均有差异，外地生显著高于本地生；在学业体验维度上，本地生、外地生几乎无差异。具体分析如下。

在学业能力维度上，本地生的平均分为 2.646 7，外地生的平均分为 2.967 6，说明外地生的学业能力知觉显著高于本地生。

在学业体验维度上，本地生的平均分为 3.003 6，外地生的平均分为 3.130 2，说明本地生、外地生几乎无差异。

在学业行为维度上，本地生的平均分为 2.909 7，外地生的平均分为 3.128 5，说明外地生的学业行为自主能力显著高于本地生。

在学业成就维度上，本地生的平均分为 3.227 2，外地生的平均分为 3.559 6，说明外地生的学业成就感显著高于本地生。

社会生活环境也会影响学生的学业自我概念。

如今，网络、电视、手机已渗透到我们的生活中，初中生缺乏是非分辨能力，意志力薄弱，很容易受不健康网络文化等的影响，很难静心认真学习，当在学习中遇到挫折时，他们会把网络游戏当作宣泄的渠道，久而久之，就会因沉溺于网络而影响学习成绩。再加上他们对知识的价值的忽略和“读书无用论”的错误价值观的影响，一部分学生不看重学业成就价值，产生厌学心理，学业体验消极，进而学习成绩越来越差，学业自我概念也变得越来越消极。

笔者选取的调研学校地处城乡接合部，外来务工人员子弟、少部分不愿学习甚至已经无法跟上正常学习进度的学生构成了其学生主体。外地生由于其特殊的社会地位，更懂得为父母分担家庭的重担，更理解家庭生活的艰辛，更珍惜现有的生活，他们每天除了到校学习，还承担起帮父母做家务、洗衣、做饭和照看弟弟妹妹的任务，他们懂得学习是自己为家庭承担的责任，有明确的学习目标和学习动力，希望通过学习来改变自己的命运。因此，他们肯吃苦，肯付出，懂得担当，学业成绩较好，学业自我概念水平较高。而本地生衣食无忧，没有学习的压力和动力，学习的积极性不高，学业成绩不够理想，学业自我概念水平明显低于外地生。

在学业压力应对策略调查中，我们发现外地生和本地生在被动应对策略维度上差异显著，本地生得分高于外地生，在退缩、宣泄、幻想、被动等待、忽视这几个方面，本地生均高于外地生。在维持性应对策略维度的自我克制方面，外地生得分高于本地生。对学业压力应对策略与学习成绩进行相关分析，主动应对策略和维持性应对策略与成绩正相关，被动应对策略与成绩负相关。大部分外地生用积极的方式应对学习，采用主动应对策略和维持性应对策略，学业成就感强，学业成绩好，学业自我概念水平高于本地生。而本地生尤其是学业自我消极的学生，学业压力应对方式也消极，他们大多采用被动应对策略，从而学业成绩越来越差。

### 3. 年级差异分析

学业自我概念的年级差异分析如表 4-4 所示。

表 4-4 学业自我概念的年级差异分析

| 维度 | 年级 | *N* | 平均分 | 标准差 | *df* | *F* | *p* |
|---|---|---|---|---|---|---|---|
| 学业能力 | 七 | 117 | 2.879 3 | 0.826 71 | 2 | 0.994 | 0.371 |
| | 八 | 126 | 2.722 2 | 0.893 94 | 334 | — | — |
| | 九 | 94 | 2.770 5 | 0.923 50 | — | — | — |
| 学业体验 | 七 | 117 | 3.180 9 | 0.861 47 | 2 | 1.715 | 0.181 |
| | 八 | 126 | 3.033 1 | 0.998 23 | 334 | — | — |
| | 九 | 94 | 2.946 8 | 0.939 07 | — | — | — |
| 学业行为 | 七 | 117 | 3.054 7 | 0.914 11 | 2 | 0.600 | 0.549 |
| | 八 | 126 | 3.033 3 | 1.079 78 | 334 | — | — |
| | 九 | 94 | 2.914 9 | 0.914 16 | — | — | — |
| 学业成就 | 七 | 117 | 3.493 6 | 0.842 99 | 2 | 2.820 | 0.061 |
| | 八 | 126 | 3.410 7 | 1.088 33 | 334 | — | — |
| | 九 | 94 | 3.183 5 | 0.930 50 | — | — | — |

从表 4-4 中可以看出，各维度的 $p$ 值均大于 0.05，说明初中生学业自我概念的年级差异不显著。在学业能力维度上，七年级平均分为 2.879 3，八年级平均分为 2.722 2，九年级平均分为 2.770 5。在学业体验维度上，七年级平均分为 3.180 9，八年级平均分为 3.033 1，九年级平均分为 2.946 8。在学业行为维度上，七年级平均分为 3.054 7，八年级平均分为 3.033 3，九年级平均分为 2.914 9。在学业成就维度上，七年级平均分为 3.493 6，八年级平均分为 3.410 7，九年级平均分为 3.183 5。

虽然初中生学业自我概念的年级差异不显著，但在学业体验、学业行为和学业成就三个维度上，九年级的平均分较低于其他年级。

随着年级的提升，学习科目的增加，学习难度的加大以及考试频率的增大，九年级的毕业班学生面临着巨大的升学压力，他们的学业自我概念有了很大的变化。学习成绩差的学生由于连续的学业失败开始怀疑自己的学习能力，认为自己不能胜任学习任务，丧失了对学习的信心，由于过高地估计学习任务的难度，害怕失败，他们选择逃避学习，放弃努力，导致学业成绩不佳，形成消极的学业自我概念；而学习成绩好的学生会认为这是自己努力的结果，在今后的学习中会更加努力，充满信心，学业自我概念也会更加积极。

## 三、初中生学业自我概念与学习成绩的相关分析

学业自我概念与学习成绩的相关分析如表 4-5 所示。

表 4-5 学业自我概念与学习成绩的相关分析

| | | 学业能力 | 学业体验 | 学业行为 | 学业成就 |
|---|---|---|---|---|---|
| 学习成绩 | 相关系数 | 0.549** | 0.405** | 0.464** | 0.508** |
| | $p$ | 0.000 | 0.000 | 0.000 | 0.000 |
| | $N$ | 337 | 337 | 337 | 337 |

为了更好地了解学业自我概念和学习成绩的关系，我们从学校教务处查阅了参与测试的初中生近期的阶段性大考成绩，以此为参照标准，其中七年级包括语文、数学、外语、历史、地理、生物和政治七科，八年级除七年级的七科外，还包括物理，九年级包括语文、数学、外语、物理和化学五科，计算每个学生各科的平均分作为学习成绩。对学业自我概念的各维度和学习成绩进行相关分析，具体分析如下。

从表 4-5 中可以看出，学业能力与学习成绩的相关系数为 0.549，学业体验与学习成绩的

相关系数为 0.405，学业行为与学习成绩的相关系数为 0.464，学业成就与学习成绩的相关系数为 0.508，说明学业自我概念和学习成绩显著相关。这一结果同国内外已有的学业自我概念与学习成绩的相关研究的结果具有一致性。

我们分析社会文化价值发现，社会、学校、家庭、学生自己都把取得优异的成绩作为衡量学生价值的标准，学生自己也把学业成绩的高低作为对自身评价的标准，学习成绩好的学生会形成积极的学业自我意识，对自己有较高的评价，对所从事的学习活动更主动、更努力、更自信。相反，学习成绩较差的学生由于连续的学业失败，自己缺乏信心，对学习缺乏兴趣，在学习上无成功感，自身价值得不到实现，在失落、自卑的压力下逐渐产生强烈的孤独感，学习不求进取，学业自我概念消极，在这种情况下学习成绩难以提高。

## 四、初中生学业自我概念与学习成绩的回归分析

学业自我概念与学习成绩的回归分析如表 4-6 和表 4-7 所示。

表 4-6 学业自我概念与学习成绩的回归分析（1）

| 模型 | *R* | $R^2$ | $\Delta R^2$ | Change Statistics | | | | |
|---|---|---|---|---|---|---|---|---|
| | | | | $R^2$ 改变 | *F* | *df1* | *df2* | *Sig.* |
| 1 | 0.549a | 0.302 | 0.300 | 0.302 | 144.314 | 1 | 334 | 0.000 |
| 2 | 0.575b | 0.331 | 0.327 | 0.029 | 14.348 | 1 | 333 | 0.000 |

表 4-7 学业自我概念与学习成绩的回归分析（2）

| 模型 | | 未标准化 | | 标准化 | *t* | *Sig.* |
|---|---|---|---|---|---|---|
| | | *B* | *SE* | *Beta* | | |
| 1 | 学业能力 | 26.745 | 3.383 | — | 7.907 | 0.000 |
| | | 13.893 | 1.156 | 0.549 | 12.013 | 0.000 |
| 2 | 学业能力 | 20.181 | 3.742 | — | 5.393 | 0.000 |
| | | 9.562 | 1.610 | 0.378 | 5.937 | 0.000 |
| | 学业成就 | 5.524 | 1.458 | 0.241 | 3.788 | 0.000 |

回归方程：学习成绩 =0.378 × 学业能力 +0.241 × 学业成就。

从表 4-6 和表 4-7 中可以看出，学业自我概念能够解释 33.1% 的学习成绩；其中学业能力自我概念的解释率最高，学业成就自我概念的解释率次之。学业能力自我概念和学业成就自我概念对学习成绩都有正向的预测作用。

学业自我概念积极的学生对自己有正面的评价，他们有较强的学业能力知觉，认为自己的学业表现比较出色，有信心克服各种学业困难，即使遇到不能解决的问题，也会主动向别人求助或采用更多的解决问题的方式去积极应对，从而有效提高学业成绩，增强学业自信，对其学业自我产生积极的影响。而学业自我概念消极的学生不能对自己的学业做出正确的评价，他们认为自己学业能力低，学习成绩比不上别人，学业行为被动，因此学业情感体验多是焦虑、压抑、紧张的。他们在遇到学业困难时，总是采用被动、退缩、逃避等消极的应对方式，结果不仅不能提高学业成绩，而且学业自我概念更消极。

## 五、不同成绩分组学生的学业自我概念的差异分析

不同成绩分组学生的学业自我概念的差异分析如表 4-8 所示。

表 4-8 不同成绩分组学生的学业自我概念的差异分析

| 维度 | 等级 | *N* | 平均分 | 标准差 | *df* | *F* | *p* |
|---|---|---|---|---|---|---|---|
| 学业能力 | 优等 | 90 | 3.460 3 | 0.666 21 | 2 | 63.578 | 0.000 |
| | 中等 | 159 | 2.735 8 | 0.724 38 | 334 | — | — |
| | 稍差 | 88 | 2.195 4 | 0.871 18 | — | — | — |
| 学业体验 | 优等 | 90 | 3.535 2 | 0.835 95 | 2 | 24.059 | 0.000 |
| | 中等 | 159 | 3.033 5 | 0.900 42 | 334 | — | — |
| | 稍差 | 88 | 2.623 1 | 0.884 99 | — | — | — |
| 学业行为 | 优等 | 90 | 3.642 2 | 0.794 64 | 2 | 40.087 | 0.000 |
| | 中等 | 159 | 2.945 9 | 0.921 94 | 334 | — | — |
| | 稍差 | 88 | 2.470 5 | 0.889 29 | — | — | — |
| 学业成就 | 优等 | 90 | 3.875 0 | 0.731 75 | 2 | 38.829 | 0.000 |
| | 中等 | 159 | 3.449 7 | 0.886 24 | 334 | — | — |
| | 稍差 | 88 | 2.733 0 | 0.987 56 | — | — | — |

为了更好地了解学业自我概念与学习成绩的关系，我们对不同成绩分组学生的学业自我

概念各维度之间的差异进行了分析，分组的依据为年级前三十名为优等生，后三十名为稍差生，剩下的为中等生。

从表 4-8 中可以看出，不同成绩分组的学生在学业能力、学业体验、学业行为、学业成就各维度上都差异显著。各维度均表现为成绩优等生的学业自我概念高于中等生，而成绩稍差生的学业自我概念最低。具体分析如下。

在学业能力维度上，优等生平均分为 3.460 3，中等生平均分为 2.735 8，稍差生平均分为 2.195 4；在学业体验维度上，优等生平均分为 3.535 2，中等生平均分为 3.033 5，稍差生平均分为 2.623 1；在学业行为维度上，优等生平均分为 3.642 2，中等生平均分为 2.945 9，稍差生平均分为 2.470 5；在学业成就维度上，优等生平均分为 3.875 0，中等生平均分为 3.449 7，稍差生平均分为 2.733 0。

出现以上情况的第一个影响因素是学校。学校是学生生活和成长的重要场所，学校教育应该培养德智体美劳全面发展的学生，然而受应试教育的影响，学校工作的重点往往放在了片面追求升学率上，忽视了学生整体素质的提高。而学生是具有鲜明个性的独立个体，他们的学业经历和情感体验各不相同，教育如果忽视个性差异，势必影响学生的心理健康。一些学习成绩不好的学生在经历了一次次失败的情感体验后，对学习失去了信心，产生了严重的心理负担，导致了自卑、抑郁和焦虑，从而形成了对自己的消极评价，影响了积极学业自我的形成。

出现以上情况的第二个影响因素是教师。教师不当的教育对待直接影响学生对自我的评价。在应试教育下一些教师把学习成绩当作衡量学生的唯一标准，不正确的人才观使教师无法公正地看待每一位学生，不能正确评价每一位学生，灌输式的教学方法又使得学生失去了对学习的兴趣，学生根本不可能有愉悦的学习体验。教师对学生的学习支持、情感支持和能力支持直接影响学生对自我的评价。教师对学生的恰当评价对学生学业自我概念的形成起着重要的作用。

出现以上情况的第三个影响因素是同伴。许多心理学家认为，人的自我概念是后天形成的，“镜像我”的概念强调我们对自己的看法源于他人对自己的评价与判断，学习成绩差的学生学业自我概念水平普遍较低。

综合以上分析，初中生成长和发展的重要实践活动是学习，所承担的重要角色是学生，学生的学业成绩和学业自我概念之间存在着密切的联系。在学业活动中，学生个体对学业能力的知觉，所积累的学习情感体验，所经历的学习行为，所获得的学业成就等会逐渐沉淀，形成相应的稳定的学业自我概念，并内化为其人格的一部分，而学生的学习活动又受已经形成的学业自我概念的影响。优等生的学习成绩较好，他们经历的是一次次成功的学习情感体验，学业自信心增强，学业知觉能力和学业成就感提高，他们会以更积极的学业行为应对方式去解决学业中的各种问题，学业自我评价也会更加积极。对较差生而言，他们经历的是一次次失败的学习情感体验，他们对自己的学业能力持怀疑态度，丧失了学习的自信，再加上由于成绩不理想所接受的不公平的教育对待，他们便以更消极的学业行为应对方式去解决学业中的各种问题，学业自我评价也会更加消极。

# 第五章　研究结论

## 一、研究结论

经过调查，本研究得出如下结论。

（1）初中生学业自我概念的总体水平居中，但自我概念各维度的发展并不均衡，表现为学业成就得分最高，学业能力得分最低。

（2）初中生学业自我概念在人口学变量上的差异：从性别的角度看，女生的学业自我概念水平显著高于男生；从生源地的角度看，外地生在学业能力、学业行为、学业成就这三个维度上显著高于本地生；从年级的角度看，初中生的学业自我概念在年级方面的差异并不显著。

（3）初中生学业自我概念与学习成绩之间显著正相关。

（4）初中生学业自我概念各维度与学习成绩的回归分析表明，学业能力和学业成就这两个维度对学习成绩有正向预测作用，二者可联合预测初中生学习成绩的 33.1%。

## 二、研究存在的问题及今后努力的方向

由于学业自我概念的研究近些年才成为学者们研究的热点，本研究中对文献的搜集和整理还存在一定的局限性，今后还需加强对中外文献的梳理，以便更好地指导本土化研究。虽然本研究选择了城乡接合部具有代表意义的普通初中生进行问卷调查，施测程序严谨有序，

对施测结果又进行了科学的数据统计与分析，以求调查的样本、调查的数据真实可信，但毕竟受取样的局限性影响，研究结果只能反映某一调查区域的情况，今后还需增加样本数量，使得研究结果更具有科学性 。对初中生学业自我概念的提升也只是提出了简单的个人建议，在今后的教育教学实践中，还需要将理论和实践相结合，不断完善，不断提升。

# 第六章　初中生学业自我概念的提升策略

初中生学业自我概念的形成是一个社会化的过程，学生自身和外在的诸多因素都会影响学生积极的学业自我概念的形成。通过对我国当前教育下初中生学业自我概念现状的调查及对初中生学业自我概念和学习成绩关系的分析，笔者从实际情况出发，有针对性地提出初中生学业自我概念的提升策略，对教育教学实践有重要的指导意义。

## 一、初中生学业自我概念学生自身方面的提升策略

初中生正处于由童年向青少年转变和个性逐渐形成的时期，这一时期是学生人生中的重要转折点，生理和心理发展不同步会造成初中生身心发展的种种矛盾。此外，由小学升到初中，学生要面临诸如课程设置、学习内容、学习方法、人际关系等许多新的问题，这就需要初中教育给他们对独立自我的渴望以相应的尊重、理解、支持与引导，以促进学生的身心健康成长，通过养成教育帮助学生适应初中的学习生活，养成良好的学习、行为习惯，提高学生的自我教育能力，形成正确的自我意识和理想自我。

### （一）注重养成良好的习惯，提高自我教育能力

著名教育家朱永新先生认为，教给学生自我教育的方法的教育才是最理想的教育，学生在习惯养成的过程中磨砺了意志，最终达到“不教之教”的自律的教育目的。在实际工作中，

教育者要帮助学生养成良好的习惯。

首先，教育者要指导学生养成制订计划、不断反思的习惯。在工作中教师要引导学生建立自己的计划系统，包括制订作息时间表、各科学习计划，确立适于自己的学习目标等，以引导学生对自我进行要求，通过指导学生完成成长日记、成长周记，教会学生在反思中进步成长，在反思中正确认识自我。

其次，教育者还要指导学生养成勤于预习、复习的习惯。人类的记忆根据保持时间的长短可分为瞬时记忆、短时记忆和长时记忆。德国心理学家艾宾浩斯的遗忘曲线表明，人们在识记后的最初阶段遗忘较快，以后遗忘逐渐变慢，根据此理论，在学习过程中有效而合理地预习和复习有助于提高学习效率。复习的方法包括及时复习、间时复习、整体复习、部分复习以及将看、读、听、写结合起来复习等，只有养成了良好的预习、复习习惯，掌握有效的学习方法，才能提高学习成绩，从而提高学业自我概念水平。

理想的德育应该教给学生自警、自诫、自励等自我教育的方法，使学生在陶冶情操、磨砺意志的过程中养成“不教之教”的自律习惯。

以下是笔者指导学生完成成长日记的案例，目的是教会学生在反思中进步，在反思中成长。为更好地指导学生，让活动更具可操作性，笔者对此学生每天要完成的内容进行了具体、细致的安排。

**成长日记**

日期：2012-05-31

一、学校生活

1. 早自习

看书，收作业。

2. 上午四节课

英语：讲新课；物理：讲电动机的工作原理；语文：讲新课，讲练习册，做卷子。

3. 午自习

写物理作业。

4. 下午四节课

英语：讲练习册；语文：对卷子；历史：讲新课。

5. 课余活动时间

休息，写作业。

二、家庭生活

（1）我复习、预习了哪些内容？用了多长时间？

复习了语文卷子、英语练习册，用了不到一小时。

（2）我完成了什么作业？用了多长时间？

语文：卷子；英语：练习册，词组；物理：学案，练习册。用了大约三小时。

（3）我读了一篇什么文章？感受是什么？

《惩罚微笑》，在对的场合、对的时间，对对的人，微笑才是人与人之间交流的润滑剂。

（4）我和父母、家人、朋友做了什么沟通？

交流学习生活。

（5）其他时间我做了什么？

看了些文章。

（6）上床睡觉时间：十点左右。

三、今日总结

（1）今天我的最大收获：我懂得了电动机的工作原理。

（2）需要稍加改正的是：课上我要认真听讲。

## 成长日记

日期：2012-06-01

一、学校生活

1. 早自习

看书，收作业。

2. 上午四节课

数学：统计；物理：学案；英语：讲新课；语文：讲新课。

3. 午自习

休息。

4. 下午四节课

数学：统计；英语：讲练习册；生物：自习；读书：没上。

5. 课余活动时间

写作业，休息。

二、家庭生活

（1）我复习、预习了哪些内容？用了多长时间？

英语：M10；语文：《小石潭记》。用了半小时左右。

（2）我完成了什么作业？用了多长时间？

数学：练习册，学案；物理：练习册；语文：预习作业；英语：练习册，单词。用了五六个小时。

（3）我读了一篇什么文章？感受是什么？

《穷人与富人》，不要因为自己贫穷就失去了希望，有了健康的体魄，就拥有了得到一切的资本。

（4）我和父母、家人、朋友做了什么沟通？

交流学习生活。

（5）其他时间我做了什么？

上网浏览信息，休息。

（6）上床睡觉时间：十点左右。

三、今日总结

（1）今天我的最大收获：懂了几道英语、数学题。

（2）需要稍加改正的是：今天没有发现。

## 成长日记

日期：2012-06-04

一、学校生活

1. 早自习

背课文，收作业。

2. 上午四节课

数学：学习统计知识；英语：默写，学课文；体育；生物：上英语，学新课。

3. 午自习

背英语课文。

4. 下午四节课

英语：写作业，给同学讲题；历史：学新课，做练习册；语文：学新课，背课文；校会：换座位，写作业。

5. 课余活动时间

背课文，写作业。

二、家庭生活

（1）我复习、预习了哪些内容？用了多长时间？

复习：语文的，《小石潭记》；英语：M10。用了大约半小时。

（2）我完成了什么作业？用了多长时间？

语文：练习册；数学：学案；英语：作文，抄课文并翻译；历史：练习册。用了大约三小时。

（3）我读了一篇什么文章？感受是什么？

《错过那一年》，在人生的旅途中，我们会错过很多，但是不能错过最爱你的人。

（4）我和父母、家人、朋友做了什么沟通？

关于英语口语竞赛做了沟通。

（5）其他时间我做了什么？

背课文，看小说。

（6）上床睡觉时间：十点左右。

三、今日总结

（1）今天我的最大收获：背会了一篇英语课文，在课上学习了很多知识。

（2）需要稍加改正的是：今天的工作做得不好——让同学们在一张表上签字，他们有人不会填，我没有及时告诉他们。

**成长日记**

日期：2012-06-05

一、学校生活

1. 早自习

背课文，收作业。

2. 上午四节课

语文：对练习册；数学：学习统计知识，做练习册；英语：讲新课，讲习题；政治：讲新课。

3. 午自习

团支部书记开会。

4. 下午四节课

物理：讲电磁感应；数学：写习题。

放学后，我们几个同学参加了学校组织的英语口语大赛。

5. 课余活动时间

背英语、语文课文，休息。

二、家庭生活

（1）我复习、预习了哪些内容？用了多长时间？

复习：语文，《小石潭记》；英语，M10。预习：语文，《岳阳楼记》。用时一小时左右。

（2） 我完成了什么作业？用了多长时间？

语文：《岳阳楼记》的预习作业；英语：M10 的学案。用了大约两个半小时。

（3）我读了一篇什么文章？感受是什么？

《微笑是一种修养》，面对生活的变化我们不应该苦大仇深地苦着脸，那样不会改变什么，我们应以微笑面对清风，以微笑面对生活，以微笑面对世人。

（4）我和父母、家人、朋友做了什么沟通？

沟通学习生活。

（5）其他时间我做了什么？

写老团员代表发言稿。

（6）上床睡觉时间：十点半左右。

三、今日总结

（1）今天我的最大收获：懂得了磁生电。

（2）需要稍加改正的是：在英语口语比赛中太紧张了，忘词了，表现得不好。

**成长日记**

日期：2012-06-06

一、学校生活

1. 早自习

预习《岳阳楼记》，收作业。

2. 上午四节课

物理：讲电动机；数学：讲统计——极差和方差；地理：做数学卷子；政治：讲新课。

3. 午自习

给团员开会。

4. 下午四节课

物理：讲练习册；数学：写学案；音乐：老师让我们记音乐笔记；体育：我们自由活动。

5. 课余活动时间

向数学老师、物理老师请教问题，休息。

二、家庭生活

（1）我复习、预习了哪些内容？用了多长时间？

复习：物理练习册，用时大约二十分钟。

（2） 我完成了什么作业？用了多长时间？

语文预习作业，用时大约半小时。

（3）我读了一篇什么文章？感受是什么？

《爱从不卑微》，爱从不卑微，母爱温柔似水，哪怕一个善意的谎言，也源于对孩子浓浓的爱。

（4）我和父母、家人、朋友做了什么沟通？

沟通会考成绩。

（5）其他时间我做了什么？

休息。

（6）上床睡觉时间：十点左右。

三、今日总结

（1）今天我的最大收获：完成了一张数学卷子。

（2）需要稍加改正的是：上课时精神状态欠佳。

## 成长日记

日期：2012-06-07

一、学校生活

1. 早自习

记英语期末考试题型。

2. 上午四节课

英语：默写，练习听力；物理：讲电话的构造和原理；语文：讲《岳阳楼记》。

3. 午自习

做语文的书后练习题。

4. 下午四节课

英语：讲活页；劳技：默写英语；历史：讲改革开放以来衣食住行、就业……的变化；语文：做、讲练习册题。

5. 课余活动时间

背《岳阳楼记》，参加新团员宣誓仪式。

二、家庭生活

（1）我复习、预习了哪些内容？用了多长时间？

复习：语文，《岳阳楼记》；英语，活页；物理，今天讲的内容。用了大约一小时。

（2）我完成了什么作业？用了多长时间？

语文：整理练习册，背课文；英语：写错题，抄完形填空并翻译；物理：做练习册；历史：做练习册。用了大约两个小时。

（3）我读了一篇什么文章？感受是什么？

《心如大海》，心如大海，博大无垠，心如大海，波澜不惊，心如大海，沉稳内敛，在我们还懵懂时，努力进取吧！

（4）我和父母、家人、朋友做了什么沟通？

反思会考。

（5）其他时间我做了什么？

听音乐。

（6）上床睡觉时间：十点左右。

三、今日总结

（1）今天我的最大收获：背会了《岳阳楼记》。

（2）需要稍加改正的是：上课时状态不是很好。

## 成长日记

日期：2012-06-08

一、学校生活

1. 早自习

背语文课文。

2. 上午四节课

数学：复习；物理：学电磁波；英语：讲卷子；语文：讲新课。

3. 午自习

休息。

4. 下午四节课

数学：做卷子，讲卷子；英语：讲卷子；生物：做数学练习册；读书：写作业。

5. 课余活动时间

休息，收团费，交团费，请教数学问题。

二、家庭生活

（1）我复习、预习了哪些内容？用了多长时间？

复习：语文，《岳阳楼记》；预习：语文，《醉翁亭记》。用了大约二十分钟。

（2）我完成了什么作业？用了多长时间？

语文：《醉翁亭记》的预习作业，练习册，书后题，周记，成长日记；英语：抄三个模块讲的题；物理：练习册。用了六七个小时。

（3）我读了一篇什么文章？感受是什么？

《仰望穹苍，且听风吟》，忘掉悲伤，甩掉彷徨，努力奋斗，明天的朝阳更加美好。

（4）我和父母、家人、朋友做了什么沟通？

沟通学习生活。

（5）其他时间我做了什么？

休息，上网，看书。

（6）上床睡觉时间：十点左右。

三、今日总结

（1）今天我的最大收获：做完了数学练习册。

（2）需要稍加改正的是：今天遗留了几个物理问题没问。

一个人的习惯养成一般需要二十一天，该学生坚持每天记录自己的生活，逐步养成了合理安排时间，善于反思的习惯。该生最后以高考 639 分的成绩考入南开大学经济系，成为西青区文科状元，她的家长第一时间把这个喜讯和笔者分享，并感谢初中时老师为孩子今后的学习生活打下了坚实的基础。

### （二）改变学习方式，提高自主学习能力

美国著名的学者爱德加·戴尔于 1946 年提出了金字塔学习理论，该理论以数字的形式形象地展现了学习者采用不同的学习方式在两周以后的平均学习保持率。结果显示，采用在塔尖的“听讲”的学习方式，两周以后学习内容的保持率只有 5%，而采用在金字塔基座位置的“教别人”及“马上应用”的学习方式，则可以记住 90% 的学习内容。凡是采用个人学习和被动学习的传统方式学习的，学习效果都在 30% 以下；而采用团队学习、主动学习和参与式

学习的方式的，学习效果均在50%以上。可见，自主学习能力对提高学习成绩有着重要的作用，全国教育科学“十二五”课题组也把提高学生的自主学习能力作为重点研究内容。

有关学生学业应对方式的调查结果也显示，学业自我概念水平高的学生，学业压力应对方式积极，他们主要采用主动应对策略和维持性应对策略，学业成绩也就越来越好；而学业自我概念消极的学生，学业压力应对方式也消极，他们大多采用被动应对策略，从而学业成绩越来越差。采用主动学习应对方式的学生成绩好于采用被动学习方式的学生。因此，只有改变学习方式，变被动学习为主动学习，才能从根本上改变学生的学习现状，提高其学习成绩和自主学习能力。

### （三）采用健康的课外休闲方式，提高自身修养

初中生还不能自觉抵制网络游戏的诱惑，他们上网的目的就是打游戏、聊天，教育者要引导、鼓励学生正确上网，倡导学生利用网络查询、搜集与学习有关的信息和资料，利用网络资源进行学习，以激发学生的学习兴趣，提高其学习热情和学习效率。

此外，教育者要注重引导学生利用课外时间阅读经典美文，让学生把阅读作为自己生活的一部分，使学生从优秀的文学作品中受到感染，心灵得到净化，从经典名著中获取精神食粮，从而养成良好的德行。

苏霍姆林斯基曾经提出丰富学生的精神生活的三个措施：一是在启发和引导学生完成各学科的学习任务的同时，一定要让学生有一门自己特别喜欢的学科，让他们在这门学科上超出教学大纲的要求，自己去钻研更多更深的问题；二是设法使每一个学生都有一个自己最喜爱的劳动项目和科技活动项目，让他们在业余时间去进行自己的发明创造和科学实验；三是使每一个学生都有自己喜爱的书籍，热爱课外阅读。他认为，如果我们的学生都把自己的全部身心投入这些活动中，如果我们的学生都具有丰富的精神生活，他们还有什么值得我们担心的呢？丰富的精神生活对学生养成良好的品德具有重要作用。而读书，是学生净化灵魂、提升人格的重要途径。

许多文学名著和优秀的科学作品本身就具有强大的感染力。阅读这些优秀的作品，浏览和把握人类文明中最经典、最精华的内容，使学生的心灵受到撞击，他们会把书中弘扬和推崇的道德境界作为自己的自觉追求，从而形成正确的人生观、世界观，对其良好德行的养成具有深远的意义。

语文课程标准也特别注重学生读书的问题，提出“学习语文必须注重读书，注重积累和语感的培养，注重品味、感受和体验，注重语言文字运用的实践”，强调与读书有关的都是

学生的“语文生活”，包括课外书的阅读、交流，上网等，这些都是他们语文能力成长的重要方面，又关系到语文兴趣的培养和阅读习惯的养成。课标提倡尽可能在语文课和学生的“语文生活”之间疏通一条通道，那样肯定会加倍引发学生学习语文的兴趣，培养读书的习惯。每个人都有自己的阅读取向，阅读取向指读者抱着什么目的，怎样看待文本，采取怎样的阅读方式。一千个读者就有一千个哈姆雷特。教师要引导学生阅读不要只停留在表层信息，要有更高层次的理解，要能够对自己读到的材料从整体上进行解释，同时要能够结合社会经验对所读到的作品有自己的深刻理解。

每学期，笔者都会带领学生从校图书馆借来图书，并结合每册教材规定的名著导读内容，要求学生每天进行半小时阅读，并进行摘录，摘录既要有日期，又要有批注，这就使学生在自主读书的过程中积累领悟知识，提高读写能力。学生在与书本为友，与大师对话的过程中，获取了愉悦的阅读体验和审美感受，之后通过定期的读书交流，把自己的阅读成果与他人分享，倾诉和交友的需要也得以满足。这样可以引导学生树立正确的人生观、价值观，提高其分辨是非的能力，从而从文科打开缺口，让学生由喜欢阅读到喜欢学习，有利于提高学生的学业自我概念水平。

与此同时，笔者还充分利用各种社会资源提供学校缺乏的交往机会，使学生感受到多彩的社会文化和积极向上的社会氛围，对学生的课外休闲生活进行指导探索。

教师们恐怕都有切身体会，每逢放假回来，学生都不能马上进入学习状态，为此，笔者为学生制定了一份假期社会活动档案，活动内容分成励志篇、感恩篇、打工篇和军训篇，开学收回；指导学生完成“1+2+3”作业，即读一部名著，完成一篇读后感，根据假期的经历完成两篇作文，回顾在校生活，完成三篇班级记事。这样的活动的目的在于让学生认识到假期生活要有计划，要有意义，让他们体验真实的现实生活，懂得感恩，懂得今天的幸福生活来之不易，从而懂得珍惜时间，以饱满的精神状态投入学习生活中。

具体案例如下 。

**九年六班社会实践活动计划**

活动目的：通过系列活动，培养学生良好的道德情操，让学生树立崇高的理想，养成良好的习惯，增强责任意识。

活动时间：九年级课余时间。

活动题目：成长的足迹。

活动方案如下。

（一）理想篇

1. 读名人故事

2. 采访身边的成功人士

3. 采访自己的父母

4. 我的理想和努力方向

（二）感恩篇

1. 感恩行动记录

2. 讲述感恩故事

3. 感恩励志名言

（三）军训篇

（四）假期打工篇

1. 打工生活记录

2. 打工生活小结

## 理想篇

活动时间：2012-07-18。

活动内容：读名人故事。

万斯同闭门苦读。清朝初期的著名学者、史学家万斯同参与编撰了我国重要的史书《二十四史》。万斯同小时候是一个顽皮的孩子，他有一次由于贪玩，在宾客们面前丢了面子，从而遭到了宾客们的批评。万斯同在恼怒之下掀翻了宾客们的桌子，被父亲关到了书屋里。万斯同从生气、厌恶读书到闭门思过，并从《茶经》中受到启发，开始用心读书。转眼一年多过去了，万斯同在书屋中读了很多书，父亲原谅了儿子，万斯同也明白了父亲的良苦用心。万斯同经过长期的勤学苦读，终于成为一位通晓历史、博览群书的著名学者，并参与了《二十四史》之《明史》的编修工作。

读后感受：读书增长智慧，读书丰富知识，读书修身养性。

名人名言：读书越多，越感到腹中空虚。——雪莱

活动时间：2012-07-20。

活动内容：采访身边的成功人士。

问：你现在考上了一个好的大学，那你小时候的理想是什么？

答：小时候就想好好学习，长大以后可以考上一个好的大学。

问：在学习过程中你遇到过什么困难吗?

答：有，有的时候新的内容听不懂，尤其是高考的时候，压力很大，有好几次想放松，想放弃。

问：你是怎样克服的?

答：自己钻研，有时候和同学、老师一起研究。觉得撑不住了，就进行自我开导，人的一生只有一次，就是觉得不能对不起自己，对不起父母。

问：你觉得成功的方法是什么?

答：成功＝艰苦劳动＋正确方法＋少说空话。

采访后的感受：成功人士具备以下几种素质。

（1）目标明确的梦想。

（2）健康积极的心态。

（3）严格自律、坚持不懈的作风。

活动时间：2012-08-01。

活动内容：采访自己的母亲。

问：您的第一个愿望是什么?

答：希望一家人能平平安安。

问：第二个愿望呢?

答：希望你能好好学习，考上一个好的高中，将来能出人头地。

问：第三个愿望呢?

答：目前没有啦。

采访后的感受：天下的母亲心中的愿望，大概都是希望自己的孩子有出息，一家人平安……母亲的愿望就这么简单，不应该让她失望。

名人名言：世界上的一切光荣和骄傲，都来自母亲。——高尔基

活动时间：2012-08-20。

活动内容：我的理想和努力方向。

理想：考上好高中、好大学，如果可以的话，希望训练出一项技能，能够在学习生活中形成良好的作风和人格。

努力方向：各科全方面发展。

我的实施计划：从现在开始调整好自己的心态，轻松学习，树立自信，劳逸结合。抓紧课堂时间，提高学习效率。认真完成作业，适当复习加预习。对学习不能放松。

名人名言：人生在勤，不索何获。——张衡

## 感恩篇

感恩行动记录卡

| 时间 | 地点 | 内容记录 | 感受 |
|---|---|---|---|
| 2012-07-14 | 家 | 为母亲准备了一份小礼物，亲自送给她，并对她说："您辛苦了。"母亲很高兴 | 有的时候，一句暖心的话，一份小礼物，都可以让母亲满足 |
| 2012-07-21 | 东姜井 | 今天去了妹妹家，和她一起玩了一个下午，二娘在我小时候很照顾我，临走的时候，我对她说："二娘谢谢您，您辛苦了" | 说完那句话以后，我的心里很痛快，她说："都是一家子，不用客气。"我心里暖暖的 |
| 2012-07-21 | 东姜井 | 下午，妹妹带着我去了她家对门的那户人家，他们家有一个和我上同一年级的女生，她们是发小，关系很好，我帮她解决了一道暑假作业题，她向我道谢，还亲自把我们送出家门 | 我觉得有时候感恩，一句话足矣 |
| 2012-07-23 | 车上 | 给老年人让座 | 不得不说这是一个很老套的故事，但是在现实中它确实发生了，而且到后来我才发现，我坐的那个座椅的扶手是橙色的，本来就是为老幼病残孕准备的 |
| 2012-07-11 至 2012-07-15 | 家 | 帮母亲做家务 | 觉得母亲每天做家务很辛苦 |
| 2012-07-29 | 东姜井 | 妹妹上学期的成绩不是很好，我跟她聊了一会儿，希望可以帮帮她 | 人的一生只有一次，希望她活得精彩 |

教师寄语：让我们在实践中共同享受感恩的快乐。

活动时间：2012-08-03。

活动内容：讲述感恩故事。

一年多没见了，很想二娘和妹妹，要不是妹妹邀请，恐怕还要耽搁一阵子才能去吧。

下午，我和妹妹还有她的一个朋友一起玩了一下午，晚饭是在她家吃的。临走的时候，我对二娘说了一句话，很轻松的语气："二娘，谢谢，或许以后我会经常来的。"她很开心。

那句谢谢是我对她以前关心、照顾我的感谢，或许她听出来了，或许她没听出来，也许一家人不需要那么客气，总之，我说了，我很高兴。

颁奖词：二娘，谢谢您在我很小、父母不在身边的时候，细心地照顾我，谢谢您对我的宽容大度，您将是我童年画卷中最美的彩虹。

感恩语录：无知的人，在一辈子当中都不知道亲情的可贵，而在追求着其他的感情；奢侈无度的人，在一辈子当中都不知道父母的艰辛劳动，却在盲目地享受着高贵奢华。我很庆幸，我不会成为这样的人。

### 军训篇

活动时间：2012-08-06。

活动内容：稍息，立正，跨立，收放马扎，宿舍长培训。

活动感受：今天是军训的第一天，也是我第一次参加宿舍长培训，这次的宿舍卫生比以前要求严格，今天总体感觉很好。

励志名言：锲而不舍，金石可镂。—— 荀子

活动时间：2012-08-07。

活动内容：站军姿，敬礼礼毕，齐步走，齐步踏步。

活动感受：今天的训练内容比第一天多，天气也比第一天热，但心情还是挺好的，比较兴奋。

励志名言：傲不可长，欲不可纵，乐不可极，志不可满。—— 魏征

活动时间：2012-08-08

活动内容：稍息，立正，跨立，坐姿起步的行进与立定。

活动感受：晚上进行了宿舍卫生总结，卫生做得不够好。

励志名言：不傲才以骄人，不以宠而作威。—— 诸葛亮

活动时间：2012-08-09。

活动内容：齐步走，坐姿。

活动感受：今天的休息时间比较多，晚上进行了宿舍卫生总结，我们宿舍地面脏。

励志名言：人生的旅途，前途很远，也很暗。然而不要怕，不怕的人的面前才有路。——鲁迅

活动时间：2012-08-10。

活动内容：齐步走，站军姿。

活动感受：今天是在树荫下休息的，很人性化啊。宿舍卫生总结：地面脏，卫生不达标，我发现最近总是地面脏。

励志名言：人生像攀登一座山，而找寻出路，却是一种学习的过程，我们应当在这过程中，学习稳定、冷静，学习如何从慌乱中找到生机。——席慕蓉

活动时间：2012-08-11。

活动内容：齐步摆臂，会操彩排。

活动感受：彩排的时候，教官说我们的手臂摆动幅度不够大。晚上，我们着重练习了这个动作，我却总是走不齐，很着急。

励志名言：所谓天才，只不过是把别人喝咖啡的功夫都用在工作上了。——鲁 迅

活动时间：2012-08-13。

活动内容：回家。

活动感受：今天本来是要会操的，但由于下雨取消了，在回家途中，觉得这七天过得很快。这七天是我在这个暑假当中过得最充实的一个星期。

励志名言：路是脚踏出来的，历史是人写出来的。人的每一步行动都在书写自己的历史。—— 吉鸿昌

军训总结如下。

在这七天当中，我们感受到军人的生活很严格，哪怕是洗漱用具也有固定的摆放位置。刚到的一两天是难熬的，可真正到了快回家的时候，又觉得这七天过得好快，就像一场梦一样。

军训七天，只在快回家的时候下了一场雨，其余的时候几乎都是大晴天，很晒，可我们仍挺过来了。

说说我的收获吧，从训练开始，纠正了坐姿、站姿，到吃饭时不许说话，再到午休，刚开始玩儿，后来开始睡觉，时间观念增强了。

军训还是有好处的。

## 假期打工篇

打工生活记录卡

| 时间 | 地点 | 内容记录 | 感受及家长评价 |
|---|---|---|---|
| 2012-07-11 | 家 | 玻璃有些脏了，我和妈妈一起擦玻璃，我擦了一块 | 劳动的感觉挺好，很兴奋，就是擦完玻璃之后胳膊有点酸。妈妈很高兴，说我没以前那么懒了 |
| 2012-07-12 | 家 | 妈妈不在家，我把自己的卧室收拾了一通，把抽屉里、床上不用的东西都处理了 | 收拾完卧室，我觉得很开心，卧室干净多了，我很有成就感。妈妈回来以后比较惊讶 |
| 2012-07-12 | 家 | 下午，我把家里的地扫了，又擦了一遍 | 心情很平静。妈妈回来以后，审视了一番，表情很淡定，说挺干净 |
| 2012-07-13 | 家 | 吃完晚饭后洗碗 | 洗得挺顺手的。妈妈说："以后都你来洗碗吧" |
| 2012-07-15 | 家 | 帮妈妈洗衣服 | 在洗衣服这件事上，我不得不承认，我的手法并不熟练。妈妈在旁边教导我，总是觉得我很笨，但是我听得出来，那并不是责怪 |

教师寄语：让我们在实践中共同享受生活的充实与快乐。

打工生活小结

我打工没有出家门，毕竟父母不放心，不过这几天还是很充实的，先写作业，再做做家务，感觉挺好。

妈妈做家务有二十年了，从原先的种地到现在的工作，每天都挺忙的，我很心疼她，以后我应该多帮帮她。

这几天，我并没觉得辛苦，反而很兴奋，要是能把这种亢奋劲儿用在学习上，肯定很好。在劳动过程中，有一些不懂的弄明白了，知识来自书本，更重要的是要付诸实践，实践方能出真知。

## 一篇读后感

读《海底两万里》有感

《海底两万里》是法国科幻小说家儒勒·凡尔纳的代表作之一，也是作者的幻想小说三部曲之一，另两部分别是《格兰特船长的女儿》和《神秘岛》。

儒勒·凡尔纳生于法国西部海港南特，在劳阿尔河上的菲伊德岛上生活学习到中学毕业。他父亲是位颇为成功的律师，一心希望子承父业。但是凡尔纳自幼热爱海洋，向往远航探险。11 岁时，他曾自愿上船当见习生，远航印度，结果被家人发现接回了家。为此凡尔纳挨了一顿狠揍，并躺在床上流着泪保证："以后保证只躺在床上在幻想中旅行。"也许正是这一童年的经历在客观上促使凡尔纳一生驰骋于幻想之中，创作出了众多著名的科幻作品。他热爱文学，18 岁时巧遇大仲马，此后一度与大仲马合写戏剧，这为凡尔纳走上创作之路创造了有利条件。

《海底两万里》包含了地质、地理、生物等学界领域的科学知识，情节悬念迭出，引人入胜，环环相扣。这部作品叙述了法国生物学者阿龙纳斯在海洋深处旅行的故事。故事发生在1886年，当时海上出现了一只被断定为独角鲸的大怪物，他接受邀请参加追捕，在追捕过程中不幸落水，泅到怪物的脊背上。其实这怪物并非什么独角鲸，而是一艘构造奇妙的潜水船。潜水船是船长尼摩在大洋中的一座荒岛上秘密建造的，船身坚固，利用海水发电。尼摩船长邀请阿龙纳斯海底旅行。尼摩船长是一个带有浪漫、神秘色彩，非常有吸引力的人物。尼摩根据自己的设计建造了潜水船，潜航在海底进行大规模的科学研究，但这好像又不是他这种孤独生活的唯一目的。他避开他的敌人，在海底探寻自由，又为自己孤独的生活深深地感到悲痛。这部作品集中了凡尔纳科幻小说的所有特点，曲折紧张、扑朔迷离的故事情节，瞬息万变的人物命运。作者将自身所掌握的科学知识与丰富的想象融于一体，独具匠心，巧妙布局，在漫长的旅行中，时而将读者推入险象环生的险恶环境，时而又将读者带进充满诗情画意的美妙境界；波澜壮阔的场面描绘和细致入微的细节刻画交替出现，让读者深深陷入这美妙的境界中，心情随着书中人物所遭遇的波折不断变化。

这部作品除却情节吸引人外，另一大亮点就是提出了环保的话题。在当时的环境下，污染并不严重，可是作者却意识到要保护好海洋生物，不使这一自然资源灭绝，否则人类必受其害，并且谴责了人类滥捕滥杀的行为。这不仅仅是因为作者热爱海洋生物，热爱国家，还因为他高瞻远瞩，在有着丰富的科学知识的基础上，加上亲身经历，得出这一正确的观点。即使在若干年后的今天，人类仍在思考如何减少污染、如何保护好珍稀动物等一系列环保问题。

尼摩船长是一个刚毅勇敢、智慧爱国的传奇人物。他设计建造潜水船，同鲨鱼搏斗……他始终为祖国复兴努力着，这让我不禁想起中国人的爱国、报国情怀。"落红不是无情物，化作春泥更护花"的龚自珍；"粉身碎骨浑不怕，要留清白在人间"的于谦；"常思奋不顾身，而殉国家之急"的司马迁；"祖国如有难，汝应作前锋"的陈毅；"我是中国人民的儿子。我深情地爱着我的祖国和人民"的邓小平，这些人无一不用自己的方式表达着对祖国的热爱。

《海底两万里》是一部科学启蒙小说，不仅让我见识到了神秘的海底世界、奇异的海洋生物，还让我感受到作为一名中学生，作为一名中国人，应该怀有的抱负与责任。

## 两篇作文

### 那一抹余阳，牵动我的情思

翻开一本《名人传》，随名人跌宕起伏的一生，时而高亢，时而低沉，时而意乱，时而迷醉，好似"浸"在书中一般。俄而，一束金光在书页上飘飘洒洒，眼睛也有些乏了，仰头，望见那最后一抹余阳才发觉已到日落时分。火红的云落入天空的怀抱，却仍不见安分，移来移去，哪怕有着"广阔宽容"之称的天空，此时也气红了脸，比起日中之时的景象，已然少了份凌厉，多了份闲适。

我想起了我的"假"干妈。

"假"干妈是个值得依靠，仁厚朴实的干妈。

她，生活不是很富裕，却经常给我买我想要的东西；她家里有个儿子，却待我如她的亲生女儿那般好；我犯了错，她不打不骂，在不知不觉中让我了解为人的原则；面对我的恶作剧，也是一笑而过，她这"'假'干妈"的名号还是我亲自起的呢——因她姓贾。她每次见我都笑得很阳光，很温暖。

几年前她走了，此后就再也没见过她，我曾经问过母亲她去哪了，去做什么了。母亲告诉我，你干妈的朋友出差了，她要帮她的朋友照看生意，最近看不到她了。每次问起，得到的都是类似的答案，渐渐地我也就不问了。只是偶尔想起她，思念之水就在心里翻腾，每次想起都是惆怅的。

抬头，望天，不知不觉又到了黄昏，那是今天的最后一抹余阳，依旧迷人，没有被岁月吞噬掉一丝风采。耳畔萦绕着干妈的那句话："当'秋天'撞上'春天'，在'余辉'中回味'初阳'的时候，不用惋惜，更不必伤感，所经历的一切都是肯定而必然的，只要用心感受就不会再有遗憾，世界处处有光明。"

### 记二零一一年十一月十二日

今天，依旧晴朗的日子，我们来到了霍元甲的故居——精武镇，刚到精武镇，就看到了高 11.8 米的霍元甲雕像。

鱼贯而入霍元甲纪念馆，便见到霍元甲故居的照片，看似古老破旧，却别有一番味道。随着导游行进，听她讲，霍元甲 1868 年 1 月 18 日生于天津市精武镇，1910 年逝于日本的小人手段之下，他是清末一名伟大的爱国主义武术家，他的武艺出众，又执仗正义，继承了家传的“迷踪拳”绝技，先后在天津和上海威震西洋大力士，是一位家喻户晓的民族英雄。他的一生虽然短暂，但却轰轰烈烈，充满传奇色彩。有多部影视作品展现了他的事迹。孙中山对霍元甲“以武保国强种”的胆识给予了很高的评价。在精武会成立10周年之际，他亲临大会，题写了“尚武精神”四个大字，以示对霍元甲的纪念。

霍元甲不仅武艺出众，还精通乐器，以修身养性。因此，楼顶上的冷兵器馆展出的不仅有精致的武器，还有一座编钟。

出了冷兵器馆的大门，走进旁边的展馆，馆中有狼牙棒等重兵器，均是现代仿品。导游讲解说，霍元甲可举起800斤重的重物，常人无法比肩。这其中的原因是：霍元甲的肋骨与平常人有所不同——霍元甲的肋骨成排，骨与骨之间的缝隙小，再加上他1.69米的身高，才有这样的神力。

在游览中，最令我难以忘怀的莫过于在影视厅中观看的那一小段电影了。那是霍元甲与几名外国大力士或武艺精湛的勇士交战的片段，在最后一场与日本人的交手中，霍元甲不幸中毒，但他并没有倒下去，而是坚持战斗到最后一刻。他不顾危险拼死也不让中国人蒙羞，让中国武术屹立于世界之林，他是伟大的。

最后一项活动是学校共青团的纳新大会。我们面对霍元甲纪念馆，举起右拳，庄严宣誓：不辜负共青团的期望，做一名优秀的共青团员。

过后，我总是想起导游讲的霍元甲的故事和我所看到的霍元甲的照片与蜡像，但最让我铭记于心的还是霍元甲的精神，也是尚武精神：爱国、修身、正义、助人。

## 三篇班级记事

### 一

人生宛若天边的一道彩虹，短暂却绚丽；人生犹似一棵古树，坚强而倔强；人生仿佛一片汪洋，稍稍惊动便可激起千层波浪、万朵海花。

人生好似一本独一无二的日记，记录下生命的宝贵。周二要举行冬季长跑启动仪式。下了课，一切准备妥当，我们站在操场上，耳边响起校长的声音：“中北中学冬季长跑正式启动”。“砰”，老师手中的枪发出响声，枪声回荡在空气中，消散在校园内。各个年级如长龙般的队伍缓缓移动，不同年级的跑向并不相同。只跑了两圈，我的步伐就开始放缓，我心中一叹：仍有待训练啊！不管怎么样，为了不辜负其他人对自己的期望，为了让家人过上好的生活，更为了自己的将来，我们都要珍惜本钱——身体，抓紧时间，认真锻炼。

人生犹像一杯茶，细尝才能品出其中滋味。周六考英语四级，考试很正式，每个人都很重视，只是刚开始有些紧张。同学有不会的题，我甚至可以感觉到他焦急的心情。我不禁想起考二级时的情景。那时候我心里也和现在一样很担心，也很兴奋，心里很慌，好不容易想出了答案但又不确定，很焦急，从额头一直红到耳根。

下午进行口语测试，我们在阶梯教室里等待着。一直到三点多，我们这一组才进入机房，看前面一组是怎么考的，也好照猫画虎。看着前面坐着的手心都要冒出冷汗的同学，我轻轻拍了拍她的背，安慰她不用紧张。可到了自己就显得力不从心，紧张得声音都有些颤抖，果真是“当局者迷，旁观者清”啊，让我一直当个旁观者该有多好。心中的失落感油然而生，心想自己真是没用。做一件事不容易，做好一件事更不简单，一味地紧张只是徒劳，要稳重，再加上平时的努力，才能稳中求胜。

时间在飞逝，事物在变化，在此记下所闻所感，日后了然于心。

二

音乐的种类有很多，旋律也各式各样。时而高亢，好像波涛汹涌的大海，海水拍击着心灵的沙滩，精神为之振奋；时而温润，如玉一般，灵魂为之沉醉，感受着其中的美妙，其中的乐趣，其中的惬意，仿佛稍待片刻便可沉沉睡去，乐不停人不醒；时而欢快，哪怕是一颗冰冷、沉默的心，也会被感染得愉悦起来，身体不禁随之舞动，拍打节奏。一曲好音乐的力量是巨大的。

人们常说：“一分耕耘，一分收获。”付出多少，就相应得到多少。

周日，由七八年级的一部分女生组成的合唱团跟随老师、校长到杨柳青一中比赛。我们的程序很简单：到场地—化妆—走台—候场—进场—演唱—退场。

下午一点多，我们到达场地，开始化妆。其他合唱团相继到达，他们都有特定的服装，而我们只是身穿校服，觉得服装比不上他们，有些泄气。

之后走台，我们站在梯子上，任由指导老师摆弄位置，显得有些仓促。回来后，我们继续做准备工作。

两点整，比赛开始，第一个合唱团已经上场，歌声响起，我们走进大厅，站在入场口，大厅很大，舞台对面坐着评委，旁边还有一些观众。我们看着美丽的舞台，它在灯光的照耀下更加如梦似幻，演员们好似置身在仙境之中。一号合唱团的歌声让人振奋，却显得有些生硬。老师鼓励并嘱咐我们：不用紧张，按平时发挥就行。到我们上场了，是一首欢快的歌曲，我们在演唱中加了些小乐器，为演唱增色添彩。我们逐渐适应了比赛，倾听伴奏与演唱之间的差别——有点儿抢拍，但总体来讲还可以。

最后该退场了，对面一阵哄笑，我站在第二排，并不知道发生了什么事，头也不敢动，走出来以后才知道，音乐结束后，本来应该由第一排的第一个人领头离开，后面的同学再跟上去的，可第一个人走了出去，第二个人仍目视前方，没有跟上，这才出了丑。

事后我去问老师，我们唱得怎么样，老师觉得除了最后那个小意外，其他方面都挺好的。

走出校门，我松了一口气，记得比赛之前，我们还和老师利用了好几个午休排练，这件事情终于告一段落了。我们付出了时间练习演唱，却收获了满满的快乐，还有一次别人得不到的经历，心里很满足，原来音乐真的有魔力。

三

从隋朝开始，就有了科举制度，到唐朝逐步完善并加入了殿试。考试，从古至今持续了一千四百多年。

现如今考试不胜枚举，面试、中考、高考等，大大小小，不一而足。尽管有不少人惧怕考试，考试的形式也发生了变化，可它还是一直传承至今。

今天，我们去参加英语竞赛的决赛，心里惴惴不安，尤其是昨晚更加紧张。

今天天气有些冷，心里有些发颤，身体也有些发抖。我们站在教学楼门口，望着校园里的那辆大车，若有所思，当然也有人询问竞赛的情况。过了一会儿，我们坐上车，老师说，这次决赛的座位号是根据初赛的成绩排的，一共有八个考场。我在五考场，不知道是喜还是忧，喜的是自己入围了，忧的是自己在五考场不知还能不能考好。我便努力调整好心态，和同学看了看往届中考的真题。

到了一个陌生的学校，我们从校门口的人群中挤了进去，里面很漂亮。随老师步入礼堂，里面都是其他学校的学生，听着老师的嘱咐，又坐了一会儿，才跟着这个学校的老师进入另一栋楼。一至五考场在一楼，但是前四考场并没有我们学校的人，忽然间，我有种想去看看坐在一考场第一座位上的人是谁的冲动。我坐在座位上，心里泛起淡淡的自卑感，莫名地不知所措，这大概是我到了一个陌生的地方的惯有感觉吧。

老师发下答题卡、试题，二十分钟后播放听力，我听着听力的内容，心里有些发慌。从听力开始一直到最后，空的题越来越多，我骤然间想起了老师的那句话，竞赛的题都是有难度的，感觉不好很正常，不用担心，放宽心就好。这句话成了我现在最后的安慰。我只能凭着感觉去写，不知道到底是对还是错，也无从追究。我无法将这一切归咎于别人，因为这与他们无关，再追究也无济于事。老师提醒着时间，开始收答题卡。

在回家的路上，我回想了很多次考试时的情况，每次想起都很揪心。也许我不是一个很容易释怀一切的人，我想了很多，但想说的就只有一句话："我错过了一个机会，从今以后，我会好好学习英语，不为应对考试，也不为满足虚荣心，只是为了自己今后的人生。"

说实在话，我很怕写作，也很不想写作，但是今天，我愿意记下这次经历，以此为戒。

生活即教育，教育即生活，学校生活和社会生活原本就是一个整体，它们是相辅相成、紧密相连的，教育就是为学生的未来生活做准备。

## 二、初中生学业自我概念外在方面的提升策略

### （一）社会方面

#### 1. 运用多元评价观，树立正确的社会舆论导向

美国著名心理专家加德纳博士提出了多元智能理论，这个理论认为人类的智能由语言、数学逻辑、空间、音乐、人际、身体运动、自我认知、自然认知八项智能组成，每个人都有其擅长的一个或几个方面的智能。虽然社会文化价值崇尚成功，但由于学生具有较大的个性差异，因此评价一个学生成功与否，不能只以学习成绩高低为依据，而要关注学生的差异，注意运用多元评价观，树立正确的社会舆论导向，多角度评价学生，帮助学生客观地认识和评价自我。

#### 2. 发挥媒体的正向作用，创设良好的生活环境

笔者选取的调研学校地处城乡接合部，该校生源状况不容乐观，随着农村城市现代化进程速度的加快和物质生活水平的提高，一部分学生开始不思进取，安于现状，不看重学业成就价值，学业体验消极，进而学习成绩越来越差，学业自我概念也变得越来越消极。再加上初中生缺乏是非分辨能力，意志力薄弱，很容易受社会上不良媒体宣传的影响，一些学生由于沉迷于网络游戏而耽误学业，误入歧途，因此需要相关部门加大社会监管力度，为学生提供安全的社会生活环境和交往机会，让学生感受多彩的社会文化和积极向上的社会氛围。通过正面的、积极向上的媒体资源，如《百家讲坛》《开学第一课》《变形记》《感动中国孝心少年》等节目，引导学生树立正确的价值观和世界观，提高学生对自我的认知和评价能力，让他们从榜样身上汲取力量，从而为实现自身价值而努力学习。

### （二）学校方面

#### 1. 转变办学思路，树立全面育人的教育观

马克思主义在人的全面发展学说中明确指出，一个学生在德、智、体、美、劳各个方面都得到和谐发展，他才会成为一个完整的人，才能更好地适应个人生活的需要，跟上社会发展进步的步伐。学校必须坚持全面发展的教育质量观，改变以往只以学习成绩作为评价学生的唯一标准的评价模式，建立全面、正确、客观评价学生的多元化评价体系，充分发挥评价的导向与激励功能，全面评定学生的学习与发展，面向学生全体，促进教育公平。通过开展丰富多彩的校园文化活动，为学生提供展示才华的机会，最大限度地挖掘学生的潜力，让学生体验成功，从中找到自信。学校要全面改革校园设计，创设更具情怀、更具经验的环境氛围，集中优质社会资源，将优质资源集团化、联盟化。如我校举办的读书活动、“绿色环保”手抄报大赛、学雷锋志愿服务活动、幸福中国年春节综合实践活动、足球文化节活动等一系列活动都收到了很好的效果。

在学校开展的这些活动中，涌现出一大批有特长的学生，现实活动的成功使学生认识到了自身的价值，看到了希望，因此他们会努力调整自己的生存状态和学习状态，从而有效提高对自我的评价。

笔者带班时有三次印象深刻的活动。一是阳光体育长跑活动，我班学生在体委的带领下，队伍整齐，口号嘹亮，展现了班级的整体风貌。二是学生刚入学时，学校组织合唱比赛，我为班级编排了一曲手语表演唱《感恩的心》，从选歌到排练，都做了精心的安排和准备，再加上学生的真情演绎，情声合一，我们取得了第一的成绩，当时演唱的照片刊登在天津市《德育研究》上。这次活动既增强了学生的集体荣誉感，也让学生经受了一次感情的洗礼。三是艺术节演出，因为是九年级，初中的最后一年，所以我们选定了歌曲联唱的集体节目，曲目的确定是先由学生选几首，然后老师把关，最后定为《我们都是好孩子》和《朋友》，选这两首歌的原因：一是歌曲内容反映了学生的心声；二是歌曲旋律优美，适合抒发学生当时的情感；三是照顾到了男生女生的不同演唱要求。练习时，学生们都非常认真，因为他们喜欢唱，愿意唱，他们用自己的歌声表达了对自我的认识，对友情的珍视，对母校的依恋。在艺术节的舞台上，他们精彩的演出赢得了阵阵掌声。

理想的德育应该重视在自然的活动中养成学生的德行，让学生在游戏和丰富多彩的自主活动中体验和感悟道德的境界。爱因斯坦说：“当你所学的东西都忘光的时候，留下来的就是教育。”

### 2. 创建心理咨询机制，促进学生身心健康

1989年，世界卫生组织指出，一个人只有在身体、心理、社会适应性、道德等各方面都健全，才是健康的人。其中心理健康指个体的主观体验是积极、乐观、向上的精神状态，心理健康的学生表现为乐于学习，有良好的人际关系、稳定的人格、健全的意志品质和积极的自我概念。初中生由于生理和心理发展不协调，极易产生心理问题，尤其是面临学业失败时，更易产生焦虑、自卑等消极情绪，形成消极的自我认知，影响其身心健康。因此，学校需要创建心理咨询机制，为学生提供心理援助。

笔者所在的学校从2013年起就成立了心理咨询室，由受过心理专业训练的教师以心理辅导课、心理辅导讲座、心理社团等多种形式对学生进行心理辅导。针对七年级学生适应性的问题，举办了“适应新生活，做学习的主人”专题讲座；针对学困生由于连续的学业失败导致自卑、缺乏自信的心理，我在班中开展了“寻找自卑的原因”的问卷调查活动，并在此基础上召开了“不要被自卑打倒”的主题班会，通过“一无所长”“把心转转”“撕标签”“自我激励对话”“天生我才”几个环节，让学生全面、辩证地看待自己，从而正确认识自我、增强自信心，在学习生活中实现自身价值；针对毕业班的特点，开展了“发扬团队精神”“做时间的主人”“考前心理调适”等团体心理辅导活动，引导学生以轻松的心态迎接中考。

#### 案例：《树立积极的学业自我》教学设计

一、活动目标

（1）让学生认识自我，树立正确的学业自我。

（2）让学生了解遗忘规律，掌握正确的学习方法。

（3）让学生学习记忆的方法，增强学习的自信心。

二、学情分析

七年级的学生刚刚步入初中，对初中生活充满了期待和憧憬，应让学生认识自我，树立正确的学业自我，顺利完成小升初的过渡，尽快适应初中的学习生活。

三、重点难点

讲解、游戏、讨论、感悟。

四、教学过程

（一）导入——破冰活动

做做手指操

双手前伸，手肘微屈，掌心向下，大拇指内缩，平衡互相碰击侧面10次。

双手前伸，手肘微屈，掌心向上，平衡互相碰击掌侧面10次。

双手掌心向上，掌腕相对，互相碰击10次。

双手掌心向下，食指与大拇指展开成90度，左右手虎口交叉碰击10次。

双手张开，手指分开，左右手交叉碰击10次。

左手握紧，向右手掌面击打10次。

右手握紧，向左手掌面击打10次。

双手手背互相碰击10次。

双手大拇指和食指捏左右耳轮至耳垂10次。

左右手掌相搓至热，然后双手掌心轻捂双眼，眼球左右转6次，重复6次。

完成后手掌心发热，全身血液循环畅顺，用发热的手掌心从头上沿着脸部轻抚几次。

（二）讲授——认识自我

（1）我是谁?

（2）为什么要认识自己?

（3）怎样认识自己?

明确“自我概念”

自我概念是个人对自身的知觉，是一个人在其社会化过程中逐步形成、建立和发展起来的，是个体对自我以及自己与周围环境的关系的多方面、多层次的认知、体验和评价，是个体关于自我的全部思想、情感和态度的总和。

（三）讲授——认识学业自我

明确“学业自我”

学业自我应该包括认知、体验和评价三种心理成分，是个体在长期的学业环境中形成的对自己在学业发展中的学业能力、学业成就、学业情感以及方法等的比较稳定的认知、体验和评价。

学业自我具体包括学业能力、学业体验、学业行为、学业成就四个维度。

（四）讲解、游戏——树立积极的学业自我

1. 游戏1——挑战记忆力

讲解：艾宾浩斯遗忘曲线。

及时复习＋多次复习可以提高记忆效率。

2. 游戏2——撕纸条

讲解：（1）学习金字塔；

（2）了解大脑的奥秘。

（五）讨论——科学用脑有新招

生理学家研究认为，一天之内有四个学习高效期，如果使用得当，可以轻松自如地掌握、消化和巩固知识。

第一个学习高效期：清晨起床后是第一个学习记忆的高效期。

第二个学习高效期：上午8点至10点是攻克难题的大好时机。

第三个学习高效期：下午6点至8点是回顾、复习全天学过的东西，加深印象，分门别类归纳整理的黄金时机。

第四个学习高效期：在入睡前一小时加深印象，特别是对一些难于记忆的东西加以复习，不易遗忘。

（六）小结

心理辅导教师的话：

乐观自信，合理用时；

参与合作，科学用脑；

主动学习，学业成功。

五、课后反思

七年级的学生刚刚步入初中，对初中生活充满了期待和憧憬，应让学生认识自我，树立正确的学业自我，顺利完成小升初的过渡，尽快适应初中的学习生活。

因此，我把本堂课的目标设定为让学生认识自我，树立正确的学业自我；让学生了解遗忘规律，掌握正确的学习方法；学习记忆的方法，增强学习的自信心。

本堂课侧重于讲解、游戏、讨论、感悟，按照“破冰活动”“认识自我”“认识学业自我”“树立积极的学业自我”“科学用脑有新招”“小结”的流程展开活动，最后以教师寄语结束。使学生在活动中领悟道理，从而在今后的学习中尽量做到乐观自信，合理用时，参与合作，科学用脑，主动学习，最终学业成功。

课堂上活动充分，学生参与热情高，收到了预期的效果。

**3. 形成家校教育合力**

民风、世风皆起于家风。所有家庭都要正确地引导孩子，不但要“养”，还要“教”，更要“育”。

在宽容中成长的孩子会学会忍让；在鼓励中成长的孩子会学会自信；在称赞中成长的孩子会学会欣赏；在公平中成长的孩子会学会正直；在支持中成长的孩子会学会信任；在赞同中成长的孩子会学会自爱……

家庭似第一道染缸。民国初年的广东省省长朱庆澜在他的《家庭教育》一书中把一个人从出生到6岁入学前、入学读书和离开学校走上社会这三个阶段形象地比喻为“三道染缸”。

从孩子出生起，每个家庭就都在进行家庭教育了。区别在于，有的家庭教育是自觉的、有计划的，因此效果就好；有的家庭教育是不自觉的、盲目的、随随便便的，所以效果就差，家教事小意义大。

为提高家长的素质，使家长充分认识到家校合力教育的重要性，我们从以下几方面进行了尝试。

1）利用微信群建立家校沟通的平台

家长由于每天忙于工作，不可能经常到校向教师询问自己孩子的各方面情况，微信群则为我们提供了一个便捷的交流平台，教师充分利用微信群建立起家长与学校沟通的桥梁，让家长全方位了解孩子，不光是缺点，更有进步和优点，从而协调好学生与家长的关系，让父母对孩子充满信心，而来自父母的积极评价以及正确的教育方法对学困生的转化起着至关重要的作用。

2）开办家长学校，指导家长掌握正确的教育方法

“父母是孩子的第一任老师”，这是众所周知的。根据问卷调查的数据分析，父母的教育程度和子女是否成为学困生没有很大的关联，但是如果父母的受教育程度高一些，不但能在文化课上帮助孩子，而且能在心理方面辅导他们。所以对于父母，如果有学习的机会，都要加强学习，特别是学习必要的教育学知识和心理学知识，努力提高自身的素质，这对孩子的教育有很大的帮助。

通过家长学校，提高了家长的素质，引导家长为孩子营造一个良好的环境，尊重孩子的意愿，改变对孩子的评价方式，改变对孩子的教养方式，提高孩子的耐挫力，家长也应以身作则，成为孩子学习的榜样。

3）成立家长委员会，认真听取家长的建议

每学期，我们都会将印有有关家庭教育的材料发放给家长，并以视频、讲座、推荐家长读物等形式为家长提供教育的方法与策略，提升家长教育子女的能力。此外，还定期召开家委会，加强学校与家长的沟通，对学生的转化工作起到了很好的作用。

4）定期、分批次召开学生家长会，是实施教书育人、全面提高学生素质的重要举措

每次考试结束后，我们都会结合学生的考试成绩将其分成三个批次，并按照批次分别召开家长会，家长和学生一起参加会议。在会上各科任课老师指出学生的优点和不足，对学生提出目标和努力方向，为学生制定适合其成长的策略，并明确需要家长协助的事项，收到了

较好的效果。

下面是一位家长写给儿子的生日寄语。

写在儿子十五岁

亲爱的儿子，今天是你的十五岁生日，我和你爸衷心祝愿你平安健康！生活规律，早睡早起；笑口常开，乐观开朗；精神充实，积极进取。

十五年来，我们默默陪伴你成长，你成功时，我们为你高兴；你失败时，我们一直鼓励你；你迷失方向时，我们第一时间为你敲响警钟。爸妈始终是你的坚强后盾，陪伴你健康成长是我们的责任。我们一家三口是一个整体，每一个成员都在为家尽职尽责。作为父母，我们会尽最大努力给你最好的物质生活和精神生活，哪怕我们自己委屈一些，这就是可怜天下父母心！作为孩子的你懂得感恩，懂得知足，懂得承担自己的责任（完成好自己的学业），正因为这样，我们家才成为其他家人们羡慕的幸福之家，我们一家三口的生活才越来越好，越来越幸福！这种幸福是全家人共同努力的结果，我们要懂得珍惜。把我们的小家经营好，家庭中的每一个人的生活才会更精彩，家和万事兴！

我们也有做得不好的时候，这就需要大家互相帮助，互相理解，互相包容。但对原则性问题或不利于身心健康的生活方式，必须坚持、调整。没有健康的身体，其他都无从谈起。不良的作息习惯和不良的生活习惯就是罪魁祸首，许多鲜活的案例就在身边，它已经向人们敲响了警钟，等不好的事情发生了再后悔就已经晚了。我们毕竟是成年人，经历和经验比十几岁的你要多，在陪伴你成长的过程中发现一些问题，我们会及时提醒你，这是为了让你少走弯路。因为你的成长与一棵平安树相似，发现坏的枝叶必须及时剪掉，如果任其蔓延发展，最终会毁掉整棵大树。因此，发现坏的习惯和想法就应把它在萌芽阶段消灭掉。身边有我们这样的父母在及时引导你，我觉得你应该感到幸运和幸福。回想我们当初像你这么大时，因为生活的原因很少有人这样及时引导我们，全靠我们自己努力，我们今天的事业完全是靠自己打拼下来的。

一个人在青春期会出现一些生理和心理的变化，这是正常成长的标志。恭喜你，开始慢慢变成男子汉了。什么年龄做什么事情，不同年龄有不同的生活重心和关注点。中学的这段时光就是要储备知识，用知识武装自己，李渔和花彪就都懂得处理好学业和感情的关系，杨西最后也考上了连想都不敢想的北大、清华，他们之所以成功是因为他们能分清主次，当别人在玩游戏、聊八卦时，他们在刷题、读书，最后成就了梦想。看书、看剧、看电影要去其糟粕，取其精华。这要看你的关注点在哪里，这是由一个人的品味、格局所决定的。一千个读者就有一千个哈姆雷特说的就是这个道理。多读书吧！书读多了，容颜自然改变，从内到外地改变，做一个有思想，有理想、有抱负、有追求的自己。若干年后你回忆这时自己的做法可能会觉得自己很幼稚。花彪和李渔就要比二条和杨西成熟。

初一和初二你是稳扎稳打过来的，你的踏实认真，坚持不懈，心无旁骛以及不服输的精神和坚定的信念让你有了今天的进步，天道酬勤！我们为你高兴也为你自豪，但你要胜不骄败不馁，时刻保持谦恭的态度，不忘初心，方得始终，追梦路上，努力奔跑。把关注外界转为关注自我，让自我变得强大的方法只有书和知识，而不是外界的吃吃喝喝、商场游戏，繁华终究会退去，只有内心充实，与时俱进，不断提升内涵修养，你的格局和视野才会打开。我们会永远支持这样的你，助你梦想成功，我们也相信你有这样的能力，加油吧！最后的百米冲刺可别慢下来。静下心，做自己该做的事情。一个人的视野、格局、眼界、努力、能力决定了一个人的人生高度！

新的征程开始了，你要明确新学期的生活重心：锻炼身体，学习知识，多读经典，提升绘画水平！衷心祝福你有一个简单、充实、提升、收获、成长的十五岁。

杨绛说：“无论人生上到哪一层台阶，阶下有人在仰望你，阶上亦有人在俯视你。你抬头自卑，低头自得，唯有平视，才能看见真实的自己。”

袁枚在《苔》中写道：“白日不到处，青春恰自来。苔花如米小，也学牡丹开。”阳光没有照到的地方，苔却生长得欣欣向荣。苔花即使小得像米粒一般，但也自信得像牡丹花一样盛开。

最后附上《诫子书》共勉：“夫君子之行，静以修身，俭以养德。非淡泊无以明志，非宁静无以致远。夫学须静也，才须学也，非学无以广才，非志无以成学。淫慢则不能励精，险躁则不能治性。年与时驰，意与日去，遂成枯落，多不接世，悲守穷庐，将复何及！”

通过系列活动，家长的素质不断提高，学生在家长的谆谆教诲和教师的正确引导下健康成长。

### 4. 创新年级组管理

年级组是学校最基层的单位，在学校工作中起着重要的枢纽作用。年级工作必须要有整体的思路和布局，各个年级有具体、明确的工作目标和计划，统筹规划，循序渐进，并且做到及时总结和反思，综合调动各种教育力量，获得各方面的理解和支持，开好教师会、家长会、学生会，最终才能取得工作成效。下面列举 2017 届年级组若干工作内容。

**2014—2015（上）七年级组工作总结**

一、全面发展、多元评价

素质教育强调培养德智体美劳全面发展的学生，多元智能理论视野下的教育思想也注重根据学生丰富的个性和各自不同的潜质，对学生进行多元评价。基于此，我们七年级组每月每班都要根据学生的表现评出学习、纪律、卫生、仪表、运动明星，并通过年级板报这一平台每月定期对学生进行表扬，以为学生树立学习的榜样，同时使学生明确自身的优点，互相取长补短，达到全面发展的教育目的。

二、自主发展、合作共赢

进入初中后，学生的心理和生理都发生了很大的变化，他们渴望独立，对事物有自己的看法；他们学习的内容和科目、学习方法也有了很大的变化。基于学生自身发展和学习方式的变化以及学校发展的需要，为落实学校的工作思想，我们七年级组推行了小组合作学习模式。

（一）实施小组合作学习的背景

1. 学生自身发展的需要

以往我们更多地重视学生的分数，而成绩只是学生成长的一个衡量标准，社会需要的是德智体美劳全面发展的学生，成绩只体现了其中的智育一个方面，学生只有学会交流、学会合作、学会沟通、学会求知才能学会生存，更好地适应社会发展。

2. 学生学习方式变化的需要

进入初中后，学习的内容和科目、学习方法都有了很大的变化，要想尽快适应初中生活，除了在思想、心理等方面做好准备外，更重要的是改变学习方式，变“要你学”为“我要学”，变被动学习为主动学习，激发学生学习的积极性，增强学生的自信，实现学生的自我价值。

发挥每个学生的潜能，多元评价学生，给学困生一个机会，让他们在小组合作中找回自我，使每个学生都能在原有基础上有所进步、有所发展。

（二）实施方法

1. 统一思想和认识

（1）利用假期军训和几位班主任就座位、小组组建、小组量化、班干部培养进行沟通。

（2）8 月 29 日，全体教师会统一认识。

（3）9 月 1 日，七年级家长会统一认识。

（4）9 月 5 日，七年级学生会进行动员。

2. 严抓纪律，培养得力的班干部

3. 量化管理

将常规工作量化，充分利用量化表及时总结，建立周周评比、月月评比制度，并通过年级板报进行激励。

目前，整个年级小组合作学习模式已初具雏形。

三、年级文化、润物无声

文化教育是学校德育教育的重要组成部分，它通过各种各样的形式潜移默化地影响着学生的行为，使学生的品格行为朝着健康的方向发展。良好的文化氛围具有催人奋发向上、积极进取、开拓创新的教育力量，它可以促使学生在一种无形的巨大的精神力量的推动下，在积极向上、温馨和谐的氛围中受到激励、鞭策，从而健康成长。

因此，七年级组全体教师致力于年级文化建设。

（1）教师们精心培养的绿植为学生营造了优美的环境，对学生的行为和心灵起到了春风化雨、润物无声的教育效果。

（2）定期更换的年级板报为学生提供了可供学习的榜样；多彩的学科手抄报丰富了学生的课间生活。

（3）劳技老师组织的手工编织劳技作品展体现了师生的独具匠心。一班振翅起飞的雏鹰、二班温暖的椅垫、三班永不放弃的不倒翁、四班的“群彩飞扬”、五班的“孝笑效”、六班的“爱love”，都体现了教师与学生的智慧和创造力。

四、夯实基础、养成习惯

初中，既是学生由儿童向青少年转变和个性逐渐形成的时期，也是学生人生的重要转折点，许多学生既有对新生活的期待，又有诸多的不适应。为使学生尽快适应初中生活，顺利完成“小升初”的过渡，教师要注重对学生的养成教育，帮助学生养成良好的学习、行为习惯就成为本学期的工作重点，力求为学生的初中生活打下坚实的基础。具体体现在以下几个方面。

（1）学习方面：充分利用晨读和课前两分钟，帮助学生养成良好的诵读习惯；狠抓课上听讲和课下作业环节，注重对学困生的个别辅导，力争不让一个学生掉队。

（2）纪律方面：年级学生文明岗轮岗执勤制度为课间纪律的稳定有序提供了保障。首先每班抽调两名有责任心的学生，由年级组对这些学生进行统一培训，就量化评比的标准进行细致解读；其次以班级为单位进行值周检查，执勤学生的主要任务是每天监督各班文明岗的出勤，检查各班的课间纪律，并做好量化记录，每月月底进行表彰总结。

（3）文明礼仪方面：将对学生的文明礼仪教育贯穿于日常工作中。

（4）卫生方面：注重细节，不留死角，讲求效率，培养学生的劳动观念。

五、定期例会、及时总结

我们年级有一支全校最年轻的班主任队伍，六位班主任中有三位是第一次担任班主任工作，她们有活力、有朝气、有能力，工作热情高，责任心和创新意识强，这是做好班主任工作的前提条件。为了更好地开展工作，我们建立了每月班主任例会制度，每逢月底，我们年级组就会利用午休时间召开班主任例会，总结本月工作，分析学生现状和工作得失，对后期工作的重点和内容加以明确，发现问题及时解决，明察秋毫，控制事态，防患未然，为年级秩序的稳定有序提供强有力的保障。

六、加强家校联合，形成教育合力

如利用第一次家长会就“创造良好的家庭环境”介绍如下内容。

（1）家庭人际关系要和谐。孩子进入初中后，已经具有成人感，他们渴望理解和尊重，家长对他们要平等相待，以身作则，家里的事情尽可能民主管理，对孩子的学习和心理多了解、关心，创造良好的沟通氛围。

（2）家长要有积极向上的人生态度，对事业和生活有所追求，注重学习和阅读，了解一点心理学知识，与孩子及时沟通，掌握正确的家庭教育方法。

（3）家庭环境要舒适、安静、整洁，适合孩子学习；家庭的作息时间要有规律，控制看电视和上网的时间。

（4）要加强与学校、教师的联系。家长和学校紧密配合，才能形成最大的合力，促进孩子成长。家庭和学校之间要建立起一种互相尊重、互相信任、互相支持、互相体谅的合作关系。

一个学期下来，在校行政人员、班主任和任课教师的共同努力下，整个年级秩序稳定，没有重大学生问题，学生顺利完成了小升初的过渡，养成了良好的习惯，小组合作学习模式初具雏形，基本实现了学期初的目标。

## 2014—2015（下）七年级组工作计划

一、指导思想

一个学期下来，在全体师生的共同努力下，基本实现了学期初的目标。在期末考试中，七年级取得了全区第三名的好成绩，这是学校历史上最好的成绩。保持年级稳定，使成绩更上一层楼是本学期的工作重点。

二、年级教师队伍分析

在上学期教师队伍的基础上，我们又有三位新成员加入，这些教师的加入为我们组增添了新鲜血液。

三、工作思路

巩固上学期的成果，继续注重对学生的养成教育，帮助学生养成良好的学习、行为习惯，为学生的初中生活打下坚实的基础；继续注重对学生的激励教育，以小组合作学习为载体，以五步三诊断为课堂实施途径。

四、具体工作内容

（一）巩固养成教育的成果

经过一学期的努力，学生已经顺利完成“小升初”的过渡，基本养成了良好的学习、行为习惯，本学期我们仍要把养成教育作为七年级的工作重点。具体做法如下。

（1）继续实施全员德育，形成班主任、教师齐抓共管的局面。

（2）继续狠抓课间文明岗的落实工作，每天由两名学生负责监督文明岗和检查各班的课间纪律，每月进行表彰总结。

需要家长配合做好以下几点。

1）出勤

（1）每天按时（7：30—4：50）到校，不迟到、不早退、不旷课。

（2）如有病有事，由家长第一时间向班主任请假。

（3）在校期间不得私自离校，如有特殊原因离校须由班主任开具离校证明，经保安许可后方可离校。

2）服饰

（1）学生到校，无论是上课还是参加活动一律穿校服。

（2）男女生一律留符合中学生形象的发型，不许染发、烫发。

（3）学生不许佩戴饰物，女生不许染指甲。

（4）学生在校期间不许带手机及其他电子设备，一经发现班主任没收并通知家长领回。

（二）注重激励教育

激励的效果远比惩罚的效果要好，对学生实施激励教育是我们在初中三年的教育原则，在实施过程中我们会以小组合作学习为载体，五步三诊断课堂模式为课堂实施途径。

孩子是家庭的希望，让我们联起手来，和我们的孩子共同学习、共同进步。

总之，希望在全体同人的共同努力下，把七年级组打造成团结奋进的团队。

2015-09-01

## 2015—2016八年级家长会

各位家长晚上好！

感谢您在百忙中参加我们的家长会。刚才，教务处吴主任对期中考试情况进行了总结，并对下周六即将进行的地生会考进行了详细讲解，下面由我对年级的情况进行总结。

转眼间，本学期已经过半，经过八年级全体师生的共同努力以及家长的积极配合，整个年级秩序稳定，学生在各个方面都有了很大的进步。尤其是一部分学生养成了良好的自主学习习惯，这是学生真正成长的标志。家长们都知道，八年级是初中阶段的关键年级，也是学生成长的分水岭，稍一懈怠，就会被分化下来。令我们欣慰的是，我们的班主任、我们的老师不舍得放弃任何一个学生，他们不怕辛苦、辛勤付出，不断给自己增加工作量，想方设法帮助每一个学生，使得大部分学生顺利度过这一关键时期。本届与往届相比，学生的分化现象得以缓解和改善。但在稳定的背后，我们也发现了一些问题。

人们常说：初一相差不大，初二两极分化，初三天上地下。初二是成绩下滑的高危期。

一、学生存在的问题

（1）课堂效率不高，具体表现在三方面：老师讲，他低头写；老师讲，他走神；老师讲，他趴着，行为懒，思维懒。这就导致老师讲的重点内容学生没有听到。

（2）每个班级都有一些不能按时完成作业，或者说偷工减料的学生，其中有背诵和习题作业。作业环节跟不上，何谈提高成绩？

（3）平时会，考试做不对，理解落实有问题。

（4）预习、复习环节跟不上。知识有遗忘，必须经常复习。

相反，有些学生除了完成老师规定的作业，自己每天都做课外练习。初二的学生知识面应该尽量广，要有大量的课外学习、大量的生活实践作为“背景”，成绩才会提高。

二、究其原因

（一）缺乏良好的学习习惯

学生成绩的好坏不只取决于智力因素，更主要取决于非智力因素，包括品德、意志、毅力、兴趣、体力、习惯等。学习习惯包括上课、自习课、写作业、预复习、考试、记忆、出考题、反思等方面。

（二）缺乏意志力和毅力

对初中生而言，学习的积极性主要取决于学习兴趣和克服学习困难的毅力。如果说在小学凭借小聪明就可以取得好成绩，到了初二则完全不同，初二这一年的知识量是小学六年的两倍，不努力是绝对学不好的。初二的学生心理发展不成熟，对自己的认识不足，在困难面前找不出或不想找出解决问题的办法，而采取自我安慰的方法；又由于学习的长期性，需要学生坚持不懈地学习，但部分学生缺乏起码的意志力和毅力，怕吃苦受累，就产生了应付的心理，学习不扎实、被分化下来就是必然的。

（三）学习方法不恰当

学习靠死记硬背是行不通的，到了初二要肯动脑筋，善于思考，善于提出问题，提问题往往是成功的一半。

初二分化的实质是深层次思维的缺陷。学习的实质并不在于知识量，而在于在学习过程中思维的深度和广度。对知识的简单应用是“浅层次思维”，进行抽象逻辑思维是“深层次思维”。初二的教学内容和以前相比有一个显著的变化，就是思维方式由以“形象思维”为主变成了以“抽象思维”为主。学生若仍然按小学的思维方式去学习和思考，就会很吃力，于是就被分化下来了。家长要关注学习成绩的“智力含金量”，不要只强调学生的成绩、分数，而要看成绩是如何得来的。

（四）青春期带来的烦恼

三、解决办法

（1）无论家长还是学生，都要给自己一个准确的定位，家长要帮助孩子明确其学生的身份，学生的天职就是学习。只有会学习的孩子才会有真正的、长久的快乐。家长要正确认识“会玩才会学习”“快乐学习”，应该是“会学才会玩”“学习快乐”。

（2）合理安排孩子的作息时间，控制其玩手机、电脑的时间，以保证其转天上课有足够的精神，提高课堂效率。

（3）制订有效的学习计划，帮助孩子分析自己的强弱项，在薄弱项上多下功夫，如字不好多练练字，文科多背诵多积累，理科多做题多总结，争取均衡发展。

（4）创设和谐的家庭氛围，建立平等的亲子关系，关注孩子的情绪变化，帮助其顺利渡过青春期和分水岭。

（5）家长要注重孩子知识的积累，为孩子创造课外学习与生活实践的环境和条件。

（6）要培养孩子的忍耐力。“勤奋”所包含的意义首先是要有主观愿望，有努力的目标，其次是要有控制力和忍耐力。把主观愿望和控制力、忍耐力融合为一体。就成为一个人的意志力。

不要迷信天才，要相信勤奋，要成才非学不成。秋天的硕果从来不属于春天的赏花人，而属于春天的辛勤耕耘者。勤奋学习需要坚持到底，愚公移山，精卫填海，只有坚持到底，才可能成功。

四、最后强调三点

（1）仪表问题。天气转暖，一些学生不穿校服，学校要求统一着校服，里短袖，外长袖。有些女生有化妆和戴饰物现象，这是不允许的。学生要记住自己的身份，家长需监督一下。

（2）下周六的会考。会考是学生进入初中以来的第一次全市大考，关系到学生能否升入重点高中，关系到学生的前途，必须重视。但每个班都还有个别学生不及格，希望家长利用最后一个星期的时间帮助孩子好好复习，争取顺利通过会考。

（3）防止分化。还有不到两个月的时间就期末考试了，随着天气转暖和知识难度的增加，学生的情绪会更加浮躁，这会加剧初二的分化，而且有些学生已经出现分化的苗头，稍一松懈，就很有可能被分化下去，这是我们不愿看到的结果。

家长们，“一个都不能少”是我们的教育理想，我们相信，有家长您的助力，孩子们会更快地成长，希望我们家校联手，共同筑梦成功，下面的时间交给班主任和任课老师。

2016-05-09

## 2015—2016 八年级期中会考动员

一、近半学期小结

从开学到现在，本学期已过半，从整体情况看，整个年级比较稳定、和谐，这和全体教师尤其是班主任和学生的共同努力是分不开的。大部分学生都养成了良好的自主学习习惯。大家知道，八年级是初中阶段的关键年级，也是在座的学生成长的分水岭，每个学生都对初中生活抱有美好的憧憬，但在和谐的背后，也存在一些问题。

（1）仪表问题。天气虽转暖，学生也要穿校服。

（2）学习问题。课堂效率不高，课下作业不完成。现在都是复习的内容，无论中考还是会考，都有练习卷、教材、复习材料。为什么要复习？遗忘规律是科学依据，写背都是作业。

（3）行为问题。这学期由于天气和自身的问题易发生不良行为问题，好在咱们年级还比较稳定，但不排除个别学生的个别问题，极个别学生要注意。

以上种种问题的根源在定位上：一是个人定位，学生的职责，担当的责任；二是学习定位，在玩中学，那是一种境界，要想达到，得先学会吃苦，也就是把学习定位为苦差事，苦尽甘来，游刃有余。

竹子生长的故事给了我们一些启示：竹子前四年只长 3 厘米，在这四年里，它在扎根，积蓄力量，等到第五年，它就会以每天 30 厘米的速度狂长，近六个星期就会长到 15 米，只有耐得住寂寞，肯付出，不怕辛苦，承担责任，敢于担当，才会收获成功。我们正处在这一阶段，可是许多人就输在了这 3 厘米上。

人生如鸡蛋，打破方式由自己决定。鸡蛋由外打破，那是食物；由内打破，那是生命。由外打破是压力，由内打破是成长。如果你只依赖别人从外打破，那你就会成为别人的食物。如果你自己从内打破，你就会觉得一次次的打破就是一次次的重生。

二、期中，会考

人生要明确自己的任务和目标，既要有近景规划也要有远景规划。目前，最近的目标是期中和会考。期中是老师自己出卷，要认真听和复习。

（1）会考的重要性。会考是咱们进入初中的第一次全市大考，是见证实力的时候，咱们的地理、生物成绩全区第一，八年级学生出色名声在外。会考成绩关系到升高中，还关系到考大学，大家必须重视。

（2）会考模拟成绩。不及格的成绩还有个位数字，地理和生物情况相近，但地理比生物稍难些，需要理解的东西较多。大家努力了，但还不到位，我们的目标是：全员合格，一个都不少；能考优秀不考良好，能考良好不考合格，不给自己的初中留下遗憾。

三、期中后

明天是周末，期中前的时间，复习；期中后，地理、生物还会重考，老师也会用中午的时间为学生补习。老师都上满弦了，学生还有什么理由不努力？努力吧，没有最好只有更好，各班班长喊出口号。

## 2015—2016八年级家长开放日

一、回顾七年级家长开放日

参加新运会，组织了年级座谈。因为是七年级，学生刚刚步入初中的大门，所以在家长的引导下，让孩子给自己一个准确的定位尤为重要。因此，我们就“您希望把孩子培养成一个什么样的人”进行了沟通，最后我们基本上达成了共识：即把孩子培养成对社会有用的人，从小树立为社会服务的意识。也就是，先立德树人，再学习知识。要想做到这一点，学生必须懂得担当，明确自己的责任，以主人翁的姿态投入学习、生活中。

二、八年级工作总结

转眼间，学生已升入八年级，这是关键的一年，学生正式进入青春期，分化现象显现出来。为了防止分化，从七年级下学期末，我们就紧绷分化这根弦，从老师会、学生会、家长会等各个层面进行渗透，目的是未雨绸缪，防患未然。正是由于我们把工作想在前头、做在前头，再加上校领导的引导，年级组、班主任、各任课老师的努力和全体家长、学生的配合，才有了我们八年级组今天的稳定发展，不仅各项活动搞得有声有色，更主要的也是家长最关心的学习成绩在全区几次大考中名列前茅，使我们八年级成为全西青区教育界关注的焦点。我们年级组始终把“养成教育、激励教育”作为指导思想，面向全体学生，全面育人，让学生全面发展，对学生进行多元评价。

（1）老师方面。“一个都不能少”的指导思想给老师增加了很大的工作量。您面对的是一个孩子，我们一个班就要面对将近四十个孩子，而且每一个孩子都是独立的有个性的个体，他们来自不同的家庭，有着不同的经历，千差万别。我们的班主任、任课老师为了不让一个学生掉队，兢兢业业，付出了很多。尤其是我们组里的中老年教师，他们身体不好，但仍带病坚持工作，满负荷甚至超负荷地坚守在工作岗位上。

（2）年级组方面。我们在总体思想的指导下，平日里加强对学生的日常规范教育，实行月评比制度，通过年级板报每月总结表彰。会考是本年级的一项重要工作，学校德育处、教务处在考前进行了考前辅导；年级组通过学生会、家长会对学生进行动员和引导；通过教师会统一认识，制定会考应对策略；各班主任、会考老师负责出题、做题，紧抓不放，大家共同努力圆满完成会考任务。

三、家长提意见

家长刚才观摩了课间活动，进班听了课，现在请对年级组工作提出宝贵意见。

2016-05-27

## 2016—2017九年级家长会：做合格的毕业生家长

开学初，我们召开了全体教师会、全体学生会，明确了毕业年级的任务和毕业生的身份，今天家长会的主题是做合格的毕业生家长。

新学期开始了，本学期我们的教师团队有了调整和变化，从人员安排可以看出，校领导对九年级特别关注和重视。

初中阶段是一个人成长的关键期，走好初中的每一步会为一个人的成功人生打下坚实的基础。整个初中教育是一个系统工程。回顾初一、初二，我们是稳扎稳打走过来的。在校领导和年级整体理念的引领下，各个年级都有明确的工作目标和重点。初一时，我们和家长就培养什么样的孩子进行了沟通，把养成教育和习惯培养作为重点，扎实基础，抓好合格率。初二是防止分化、防患未然，做好地理、生物会考工作。到了初三，我们应该直奔主题，主抓教学，收获成绩。

从目前看，我们这个年级名声在外，既是我们学校的窗口，又是区教育界关注的焦点。学校制定了力争前三的目标，我们师生压力和动力并存，不过我们还是具备条件的。

在学生层面，早在军训时，学生的精神面貌和表现就给基地的老师留下了深刻印象；班主任和老师们认真负责；还有我们的家长们一直非常支持我们的工作，在关键的最后一年，更应该全力以赴，做好毕业生的家长。

下面我来介绍一下年级工作。

年级整体思路：养成教育、激励教育、全员参与、全面发展。继续完善年级评比制度，加强仪表和纪律、学习习惯评比。早晨晨检全年级只有三个学生未带笔袋。

1. 每月一主题

第一个月：我是毕业生。

第二个月：备战月考。

第三个月：调整心态。

第四个月：期末亮相。

每月都会有阶段考。

2. 提高课堂实效，重在落实，扎实基础

早自习周三、周四语文，周二、周五英语。但是个别学生有利用早自习抄作业的现象。今天晨检发现二班补作业现象最严重。（六日两天没有落实）

3. 抓好两率，关注学困生，一个都不能少

仍有个别学生作业和课上不能按要求去做，时间长了就会被大家落下。

给家长的几点建议。

1. 转换角色

学生明确自己毕业生的身份，家长明确自己的角色，助孩子一臂之力，不使其初中留遗憾。尤其是在家的作业环节必须抓紧，在校有老师，在家就靠家长。毕竟孩子较小，自控力较差，需要家长为孩子把好舵。我身边好多例子都证明了初中对孩子成长的重要性。昨天接到一个2013届学生的短信，该生被工艺美术学院录取，向我表示感谢。这个孩子初中几年习惯很差，几次面临辍学的危险，但家长和老师积极配合，最终其考上了杨柳青四中，三年后考上了大学。这个例子说明初中阶段是孩子成长的关键阶段。还是这个班的学生，一个考上了南开大学，一个考上了天津大学，考上南开大学的孩子是今年的西青区高考文科状元。

2. 明确目标

从本学期开始有月考，目标引领，还有措施和计划。

（1）严格要求自己。在仪表上，发型合格，不染指甲，每日校服，桌罩备齐；在学习用具上，书包、笔袋要齐，作业要按时完成，跟上初三的节奏。

（2）作息。尽快适应，上课还有趴着的。

（3）安全。出行、饮食、上下楼的安全。

（4）改变学习方式。主动学习，多问问题，多做课外拓展。

（5）做好吃苦的准备，天道酬勤。

希望大家齐努力，让孩子圆满完成初中学业，最后把著名作家龙应台写给安德烈的话赠给大家共勉。

"孩子，我要求你读书用功，不是因为我要你跟别人比成绩，而是，我希望你将来会拥有选择的权利，选择有意义、有时间的工作，而不是被迫谋生。当你的工作在你心中有意义，你就有成就感。当你的工作给你时间，不剥夺你的生活，你就有尊严。成就感和尊严，给你快乐。""你要盛开，蝴蝶自来，你若精彩，天自安排。"

——致即将开学的孩子们和所有教书育人的老师们

2016-08-26

## 2016—2017九年级十二月月考和期末学生会

一、月考总结

从数据上具体说明。

二、整体情况

同学们，本学期的学习已经接近尾声，从开学到现在，围绕各月主题，我们毕业班的各项工作紧张有序地进行着。九月，我们进入毕业班状态；十月，没有借口，立志勤学；十一月，稳扎稳打，路在脚下；十二月，毕业征程第一站。

这期间，我们每月进行一小测一大考，老师们尽职尽责，相互理解、相互扶持。本身毕业班老师的工作量就大，平时既要完成课时任务，又要完成每月两次的阅卷任务，课间还放弃休息时间为学生解答问题。

班主任积极配合学校和组里的工作，结合学生个人和本班的特点展开工作。从年级组建之初，我们就倡导小组合作学习，有的班一直坚持做小组量化，初一、初二时年级组也利用年级板报每月定期进行总结，进入初三，学生的良好习惯基本养成，年级组和各班的思路也在进行调整。有的班级按成绩进行了分组，有的班级为学生制定了目标，做法都挺好。

在学生层面，整体较稳定，没有出现一起安全事故，大部分同学都能跟上老师的步伐，根据学生的表现，我们将学生分成几种：第一种是放心学生，主动求知，他们听课效率高，作业完成认真，课下积极问问题，同时做课外拓展题；第二种是合格学生，仅限于课上听讲和课下完成作业；第三种是被动学习的学生，课上需老师督促，课下作业需追要；第四种是被动学习加行为懒散的学生，这部分学生早自习迟到，上课睡觉，精神萎靡，课下不完成作业，个别有行为问题，反映到考试中，作文不写或抄课外现代文，书写潦草，在卷面上乱涂乱画。

现阶段，在楼道里闲逛的学生开始增加，缺乏期末大考的紧张意识。

三、要求及展望

提问学生几个问题。

你们的身份：毕业班学生。

你们现阶段的任务：毕业征程第一站，冲刺期末。

你们现在的生存状态自己满意吗?

什么是学习?

（1）要明确学习的本质。

王国维眼中的读书三境界。

“昨夜西风凋碧树，独上高楼，望尽天涯路。”

“衣带渐宽终不悔，为伊消得人憔悴。”

“众里寻他千百度，蓦然回首，那人却在，灯火阑珊处。”

古人治学讲究“厚积薄发”,所以学习第一阶段重点在于“独上高楼,望尽天涯路”,就是看，要博览；学习第二阶段是要思考，论语中讲“学而不思则罔”，看了那么多东西，就会互相比较，和自己的经历比较，就有所得，就外显为“衣带渐宽终不悔，为伊消得人憔悴”；然而，最终的成就要返璞归真，深入浅出，知行合一，方大就。

用通俗的话讲：先学后习，学会听懂是第一层次；习得是第二层次，通过练习巩固所学的知识；将错题弄明白，消化掉，举一反三，灵活应用，这是第三层次。

只有明确学习的本质和方法，才能事半功倍。

（2）要敬业和乐业：专注，心无旁骛，干一行爱一行；体会乐趣，追求精神价值。

（3）要把握好两个世界：善待手中的世界，用自信和忍耐力去追求心中的世界。

（4）要学会控制情绪（焦虑、暴躁、惰性），抵制不良诱惑（游戏等）。

（5）冲刺期末。如果说初中三年是一场小型马拉松竞赛，咱们已经跑了三分之二的路程，还剩三分之一，现在应该是最后冲刺阶段。

现阶段距离期末考试还有两周时间，1 月 4 日至 5 日期末考试，这是本学期的最后冲刺阶段，不能松懈，要坚持到终点。

期末考试是我们第一次在全区亮相，成绩关系到全区排名并作为杨柳青一中的推荐依据。2016 年的关键词：小目标，工匠精神，洪荒之力。国家级制表大师李宝琦三十五年来坚守匠心，追求极致，陪伴海鸥表精雕细刻自己的人生，我们也要学习这种精神。

后期时间安排：1 月 6 日至 11 日，补课；4 月 1 日至 10 日，体考；5 月 13 日，会考；6

月 17、18 日，中考。

祝孩子们期末考出好成绩。

2016-12-16

## 九年级亮点工作交流
## 发现、思考、实践
### ——我们在路上

一、科研引路，理念引领

初中是学生由儿童向青少年转变和个性逐渐形成的时期，是学生人生的重要转折点。为给学生的初中生活打下坚实的基础，根据调研的结论，我们把“养成教育和激励教育、全员参与和全面发展”作为年级组三年的指导思想，以帮助学生养成良好的学习、行为习惯，通过激励的作用对学生的优点进行正面的强化，激发学生的内驱力，引导学生成为学习生活的主人，并通过年级文明岗检查和年级板报这一平台每月定期对学生进行表扬，以期达到全面育人的教育目的。

二、统筹兼顾，全员参与

教育的成功取决于教育者和受教育者的共同努力，取决于与教育相关的方方面面的全员参与，我们年级的全员参与表现在以下几个方面。

教师层面：中老年教师老当益壮，经验丰富，踏实肯干，认真负责；年轻教师年富力强，有活力、有朝气，有竞争意识。

班主任层面：我们年级有一支年轻的班主任队伍，六位班主任中有两位是第一次担任班主任工作，虽说她们担任班主任工作时间不长，但她们有能力，工作热情高，责任心和创新意识强，这为做好班主任工作打下了坚实的基础。

学科层面：根据学科的特点采取相应的工作策略。中考科目，以小组为依托，分层教学，主抓优秀率和合格率；会考科目，主抓合格率，尽量不让一个学生掉队；音、体、美等科目也都使学生在相应的方面有所收获。

学生层面：培养年级学生会干部，实行文明岗轮值制度；本届学生是入学年龄最小的一届，根据学生的不同特点，老师们因材施教，最大限度地发挥学生的潜力，使每个学生都能在原有的基础上有所进步。

家长层面：充分利用家长会和开放日活动，根据学生不同时期的特点向家长介绍相关的家庭教育知识，真正发挥家校联合的作用。如七年级重点为学生的适应性问题，八年级重点为学生分化问题，九年级重点为学习心理问题等。

三、目标引领，整体规划

教育是一个系统工程，无论班级还是年级，都应该在组建之初有一个整体规划。刚刚进入九年级的暑假，我们就制订了全年的计划，每月一主题，并真正落实到位。同时充分发挥备课组的示范引领作用，组织好每月两次的小测和月考工作，严格按中考大纲精选试题，精讲多练，注重习得的过程，以期达到练得到位、考得到位、分析到位的高效效果。开好家长会、学生会、教师会，紧扣月主题，明确目标，突出重点。

如第十二个月主题为“毕业征程第一站”，通过月考总结、前期工作回顾、展望期末等环节营造大考前的学习氛围，调动师生的积极性，明确不同层次学生的任务。任课教师注重抓两率，做好学生分层、课上分层和作业分层；班主任主抓班内小组的建设，配合任课教师做好复习工作；学生明确自己的占位，在教师的引导下完成相应的学习任务；家长与学校同步，做好学生的后勤保障工作。

九年级组的亮点是上述的所有师生。

音乐家阎肃曾说过，一个人的成功离不开“四分”：天分、勤奋、缘分、本分，这是成功的先决条件。

教育不是给予，而是唤醒、激励；教育不是竞技，而是春风化雨、润物无声；教育不是速成，而是慢的艺术；教育不只是批评，更多的是爱、赏识和引领。

发现、思考、实践，我们在路上，一起成长。

2017—01—09

## 2016—2017九年级年级组会

短暂的假期结束了，我们又迎来了新学期。回顾过去的两年半时间，有校领导的引领和支持，全体师生勤奋工作、任劳任怨、团结协作、群策群力，为我校教学工作开创了新的局面，连续几次大考名次均在全区前三。在这里，我为我们九年级师生点赞。压力与机遇并存，压力源于校内外、局领导、学校、老师和家长等各个方面。

本学期是学生在学校最关键的学期，每个学生都希望最后考上理想的高中，作为教师要尽可能帮助学生走好这一步。

下面我简单地把本学期的工作思路向大家做一介绍。

一、指导思想

以学校工作计划为准绳，继续贯彻我年级组“全员教育、全面发展、养成教育、激励教育”

的方针，明确中考目标（全区前三），夯实基础，狠抓落实。咬住牙，憋着劲，稳中提升。

二、具体工作和措施

（一）加强安全教育

每年初三都有一些安全事故，导致影响学生上课。今年我们做得不错，提前打了预防针，没有发生因安全事故影响学生上课的事情。

随着天气转暖和中考临近，学生的浮躁、焦虑情绪会加重，因此无论任课老师还是班主任都要时刻牢记“安全”二字。

（二）加强规范常规管理

出勤、仪表、卫生、纪律（上学期发现一些不好的苗头，要及时控制）。

生活态度决定生活品质。让学生明白毕业班的学生更应该严格要求自己，一是为学弟学妹们做好榜样，二是不能因别的事而学习分心。

（1）提高课堂质量，本着“一个不能少”的原则，实施小组合作学习，分层教学、分层作业，面向全体，精讲多练。知识力求广而无死角，降低难度不掉队，挖深度提炼不跑偏。尤其是个别生，我们只能在课上抓住他，在课上督促他完成一些最基础的内容。

（2）既要做好理想信念教育，又要做好心理疏导。一是破罐破摔的学生：教育他们成功源于勤奋，天道酬勤；二是过分看重成绩的学生：疏导他们的紧张、焦虑情绪。

（3）班主任引导学生做好规划：树立正确的三观，明确近期、远期目标，制定相应的措施。

（4）备课组发挥团队协作精神。

（5）抓好两率，中间边缘生提升。合格率不能放，尤其是不能上高中的外地生。对学困生要善于发现优点，多扶植、多鼓励，重进步。做好培优补差。

（6）对不写作文的学生，考前要个别关注和嘱咐；对优秀生，要让其树立更高的目标；对学困生，班主任、任课教师要拧成一股绳，保证其行为不违纪，掌握应知应会的基础知识；对中间生，让其定目标。

（7）本学期考试较多，会根据考试情况召开不同层次的家长会、学生会，3月份安排了“百日誓师会”。

（8）重视家校联合的力量，和家长做好沟通。

三、具体时间安排

（1）2月10日，学生会，阶梯教室，回班后班主任组织制订计划。

（2）从开学第二周起，加第五节课，从4：05上到5：30。

（3）3月10日，“百日誓师会”，家长、学生一起参加。

（4）从3月13日（第五周）开始，第五节课上体育，用一个月时间迎体考。

（5）4月体考结束后，音、体、美、劳技停课，安排中考科目。

（6）5月会考结束后，政、史课上中考科目，由政史老师盯自习，内容由中考科目老师布置。

（7）后期内容安排。

总之，毕业班工作是学校工作的重中之重，时间紧、任务重，相信全组老师定能群策群力，发扬团结拼搏的精神，抓紧、抓严、抓实，努力实现既定目标。

2017-02-28

## 2016—2017九年级一模成绩分析会

一、总结成功经验

一转眼毕业班工作已经过半了。虽然工作忙碌，事情众多，但是我们忙而不乱，各项工作有条不紊、忙而有序地进行着，而且捷报频传，给了我们许多意外的惊喜。说是意外，实际也在情理之中。一模全区第二，体测58个满分，全区前500名我校占39名，这应该是学校前所未有的。分析成功的原因，有以下几点。

（一）理念引领，目标明确，重点突出，规划有序

本学期毕业班的工作始终紧张有序地进行着。无论是开学初的教师会、学生会，百日誓师会，还是九年级月考总结、外地生家访、体考训练、一轮复习、一模考试、中考体考，从学校、年级组到老师们都能明确各阶段的目标和重点，提前做好规划，然后按照计划逐步落实，所以忙而不乱，紧张有序。我们希望学生考出好成绩，但是我们并不局限于成绩，而是着眼于做好眼前的每一项工作，不紧张、不焦虑，有一个良好的心态是取得成功的先决条件。

（二）有两个过硬的团队

一是领导、教师团队。这是一个有着高度责任心的团队，毕竟教育关乎一个家庭、一个孩子的未来。无论年长的年少的，无论在哪一个岗位，他们都有大局意识，都能克服身体的、年龄的、家庭的各种困难，在各自的岗位上尽职尽责，这是人之天性所然，正所谓“马不扬鞭奋自蹄”。

二是学生团队。自年级组建以来，我们一直坚持全员教育、全面发展、分层推进的理念。这届学生整体素质还算可以，虽然距离我们所希望的标准还有很大的差距，但可喜的是一部分成绩好些的学生已经具备了问题意识和自主学习的能力，这为他们高中学习打下了良好的基础。稍微差些的学生在德行、做人方面也没有太大的问题。当然极个别的学生还是有的，因为毕竟教育不是万能的，学生需要多方面因素的积极配合，在学校教育方面，我们已经尽

力了。

（三）有比较坚实的基础

两年来，我们坚持踏实地走好每一步，一步一个脚印，帮助学生养成良好的学习、行为习惯，稳扎稳打，做好每一阶段、每一项工作，重在努力，有坚实的基础才会有较好的结果。

二、后期工作

（1）管理维稳：班级、学科，稳定出成绩。

（2）抓住学生：既关注学科成绩，也关注学生心理。

（3）做好学科规划和班级规划。体考已结束，学生可以全身心投入文化课学习了。近期目标就是5月13日的政史会考。中考科目个别弱科个别辅导，因材施教。据各班情况采取相应的策略，如六班主抓中等生。同时提高课堂效率，课上抓个别生，能在课上完成就在课上完成，因为作业是盲点。

最后希望大家注意身体，互相扶持，顺利完成毕业工作。

2017–04–25

由于在工作中坚持科学管理，尤其以科研为先导，工作起来目标明确，重点突出，2017届年级组各项工作有序高效。

该年级和学校的文化建设受到了教科院王敏勤教授的肯定和赞扬。2015年7月和2016年7月，在全国“和谐杯”班级文化交流活动中，学校两次获团体金奖，代表队均出自该年级组。2015年9月，在校2015—2016学年度秋季运动会中，该年级包揽了跑操、课间操、校本操三项优秀年级奖。此外，该年级连续三年统考成绩居全区前三，中考综合评估居全区第三，杨柳青一中一次上线37人，为学校建校以来的最好成绩，使学校首次步入本区优秀校行列，这是历史性的突破，为学校开创了教育教学的新局面。

### （三）教师方面

#### 1. 建立和谐的师生关系，树立正确的学生观

中学生作为发展中的个体，其成长过程中蕴含着许多不确定的因素，学生生活中的重要他人——教师，对学生的成长有着重要的影响，教师对学生的学习、情感、能力支持直接影响学生对自我的评价，对学生学业自我概念的形成起着重要的作用，良好的师生关系是学生自觉、自愿地接受教育并乐于请教的前提条件。亲其师，信其道，作为教师，要尊重、关爱学生，全面、客观地评价每一个学生，从发展的角度看待学生的成长。在实际工作中，教师

还要特别关注男生群体，及时发现他们身上的闪光点，选准工作的切入点，根据他们的特点扬长避短，因材施教，充分挖掘他们的潜能，给予信任，委以重任，以爱心、耐心、细心、恒心逐步提高学生学习的自信。相关案例如下。

真实的情感是沟通的前提

2016年9月22日早自习前，九年二班的双胞胎姐妹和本班的一个男生发生冲突，姐姐离校出走，妹妹大哭大闹，大发牢骚，满心都是恨和抱怨。之后姐姐回来，我耐心劝解，化解矛盾。根据姐妹俩的情况指出问题所在，说到了她们心里，让她们认识到了自己的冲动。

借此机会我对姐妹俩进行了情绪疏导，结合姐妹俩的特点告诉她们遇到突发事件应采取的态度和方法。首先，改变遇到问题时的思维方式，遇事要冷静、淡定，姐妹俩心连心，多从对方的角度考虑，姐姐为妹妹，妹妹考虑姐姐。其次，净化自己的语言，女孩子要文明，要明确自己的身份，尽自己的责任，把精力集中在自己该做的事情上。再次，多看对方的优点和长处，正视自身和他人的缺点和不足，多看阳光和鲜花，少一些抱怨和恨，做大气的人。最后，别只盯着分数，每个人的情况不一样，起点和生长环境不同，成绩肯定有差异，别给自己太大的压力，不做唯分数论者，做全面发展的学生，全面提升自己的素养，轻装上阵，尽力即可。

当时班主任吓坏了，之后班主任对我说，别人的话她们听不进去，您的话她们还真听。我说，我带她们两年了，彼此都了解，你对她们好她们也知道，真实的情感是沟通的前提，是学生接受教育的前提，尊重和信任是情感付出的结果。

**2. 建立积极的期望，激励学生自主发展**

美国心理学家罗森塔尔教授选择美国的一所小学进行了一项“预测未来发展”的测验。测验后，他把一份最有发展潜能的学生名单提供给学校的教师，并强调该名单关注的是学生的“未来发展”，“而不是现在的基础”，嘱咐教师们一定要对名单保密。

8个月后的测试结果显示，名单上的学生果然发展得更好！他们的成绩普遍提高，求知欲增强；他们的性格活泼开朗。并且在一年后进行的第三次测验的结果依然如此。

然而罗森塔尔对“最有发展潜能”的学生的选择是随机的！他当时只是随手从名单中圈出了几个学生，而实验中教师对名单上的学生的积极期望最终帮助学生走向了成功。罗森塔尔把实验中的这种期望效应称为皮格马利翁效应。心理学家布劳菲和古德又在此基础上概括出了教师期望发生作用的“五步模型”，即教师期望学生的不同的行为和成绩→教师对学生的不同的行为和态度→学生了解教师对自己的期望→学生的自我概念受到影响→学生表现出符合教师期望的行为和成绩。

教育的本质不在于灌输给学生多少知识，而在于激励、赞美、唤醒和鼓舞。教育者通过对学生的尊重、期待与正向引导满足学生的心理需要，使学生自觉地将教育要求内化为自己的行为要求。教师要对学生抱有积极的期待心理，特别是对初中生，他们的潜力会因教师的期望而被激发出来，这就是皮格马利翁效应的激励作用。

由此可见，成功来自信任，信任、期待的情感可以使人产生一种“意向效应”，能增强人的自信心，教师的信任会变成一股无形的力量，促使学生不断取得进步；成功来自赞扬，教师要尽可能地发现学生的“闪光点”，对他们微小的进步、点滴的成绩都应给予表扬，多表扬少批评，以促使他们乐观向上，充分调动内在的潜力，进一步去追求新的成功，从而形成良性循环；成功来自爱，没有爱，教育者就不可能将自己的需求转化为学生的自觉需要。

**3. 教师应改进教学方法，充分利用现代教育资源**

信息技术与各学科课程的整合对教学过程的深化改革具有重大意义，可以肯定，“整合模式”将成为信息技术教育今后发展的必然趋势。这就需要教师吃透教材，理解教材，了解学情，设计切合教学内容的课件，从而营造氛围，调动学生的学习热情。语文学科可通过将语言、场景、文化意蕴有机地结合，挖掘语文教学的文化内涵，激发学生的参与意识，提高学生的创新能力。同时还要将现实生活和课内学习相结合，采用学生喜闻乐见的授课形式，激发学生的学习兴趣，充分发挥学生的自主性和主观能动性。

教师具体施教时还要注意分层教学，授之以渔。对学困生采用“低起点、补台阶、扶着走、多鼓励”的策略；对居中的学生采用“慢变化、多练习、小步走、多反馈”的策略；对优秀的学生采用“小综合、多变化、主动走、促能力”的策略。简单说就是扶着走，小步走，主动走，各层学生分步走。课堂教学应根据不同学生的水平和教学目标，对教材内容进行相应的调整。为学困生筑好台阶，补好旧知识的缺陷。给学生一个学习抓手、一个学习规律、一个知识体系、一个学习模式，尽量使他们能时刻感受到成功的喜悦，提高学习的自信心。

以教授《浣溪沙》一课为例。这首词是苏轼 43 岁在徐州任太守时所作。1078 年春天，徐州发生了严重的旱灾，苏轼率众到城东二十里的石潭求雨。得雨后，他又与百姓同赴石潭谢雨。苏轼在赴徐门石潭谢雨的路上写成组词《浣溪沙》，共五首，这是第四首。

作品上片写的是农村生产劳动的繁忙景象，下片转为写谢雨途中行路的艰辛，描绘了农村快乐祥和、淳朴温馨、安居乐业的生活画面，刻画出一位谦和、平易近人的知州的形象，将一位太守与普通农民的关系写得亲切、自然。全词有景有人，有形有声有色，乡土气息浓郁，为宋词的题材开拓了新的天地。

## 《浣溪沙》教案设计

### 一、课程目标

1. 知识与能力

（1）了解作者的生平经历及相关的背景知识。

（2）背诵古诗词，丰富文化积累。

（3）提高诵读和品味语言方面的素养。

2. 过程与方法

以诵读为主，注重学生的情感体验，采用“读韵味—赏意境—品语言—悟情感—巧练笔”的五步导学模式，让学生从中受到古诗词的熏陶。

3. 情感态度与价值观

引导学生通过本课的学习，从古诗词中吸取优秀文化的营养，提高自身的欣赏品味和审美情趣，增添文化积淀。

### 二、学情分析

教材中的古诗文都是经典之作。九年级的学生已经具备一定的古诗词鉴赏能力，将课前导读和课上学习相结合，使学生进一步掌握赏析诗词的技巧和方法。

### 三、重点难点

（1）诵读、积累古诗词，提高古诗词鉴赏能力。

（2）赏析词的意境，品味词的语言，体会诗人的情感。

### 四、教学过程

1. 营造氛围 激情导入

比起喧嚣的城市生活，一些人可能更向往温馨、祥和、清新的田园生活，自古以来，有许多文人墨客用诗文歌咏它，其中有“采菊东篱下，悠然见南山”的闲适；有“稻花香里说丰年，听取蛙声一片”的怡然；也有“开轩面场圃，把酒话桑麻”的憧憬。今天，让我们走进苏轼的《浣溪沙》，赏析豪放派词人笔下的田园生活。

2. 学生准备 教师引导

1）作者简介

苏轼，1037—1101 年，字子瞻（zhān），号“东坡居士”，世人称其为“苏东坡”，眉州人（今属四川），北宋著名文学家、书画家、词人、诗人、美食家，唐宋八大家之一，豪放派词人代表。其诗、词、赋、散文均成就极高，且善书法和绘画，是中国文学艺术史上罕见的全才，也是中国数千年历史上被公认文学艺术造诣最高的大家之一。其名列“苏、黄、米、蔡”北宋四大书法家之一；其画作开创了湖州画派。

2）助读资料

这首《浣溪沙》是苏轼 43 岁在徐州任太守时所作。1078 年春天，徐州发生了严重的旱灾，苏轼率众到城东二十里的石潭求雨。得雨后，他又与百姓同赴石潭谢雨。苏轼在赴徐门石潭谢雨的路上写成组词《浣溪沙》，共五首，这是第四首。

作品描绘了农村快乐祥和、淳朴温馨、安居乐业的生活画面，极有田园诗的优美意境，洋溢着浓厚的生活气息。

3. 探究学习　共同赏析

※ 读韵味

浣溪沙　苏轼

簌簌衣巾落枣花，村南村北响缲车。牛衣古柳卖黄瓜。

酒困路长惟欲睡，日高人渴漫思茶。敲门试问野人家。

（读准字音，读准节奏，读出韵味）

注意停顿，感悟古诗的节奏美。

熟读成诵，感悟古诗的韵律美。

重点强调：积累与理解

1）重点字词

簌簌（sù）：花飘落的样子。

村南村北：泛指整个村庄。

缲（sāo）车：即缫丝车，抽茧出丝的器械。“缲”同“缫”。

牛衣：蓑衣之类 。

欲：想要。

漫：随意。

漫思茶：想随便去哪儿找点茶水喝。

2）梳理文意

（1）写景。

枣花纷纷落在衣巾上。村子里响起纺车织布的吱呀声。身着蓑衣的农民在老柳树下叫卖着黄瓜。

（2）叙事。

路途遥远，酒意上心头，昏昏然只想小憩一番。艳阳高照，口渴难忍，想随便去哪儿找点茶水喝。于是敲门试着问野外的一户人家。

※ 赏意境

导读提纲

（1）这首词描写了什么季节的什么情景？表现出了主人公什么样的心情？

这首词描写了初夏时的乡村生活情景。表现出了主人公对久旱雨后丰收有盼的淡淡喜悦之情。

（2）词的上片写景特点如何？营造了怎样的氛围？

这首词一改其他诗以视觉形象为主的常见写法，别出心裁地将富有农家生活气息的各种声响搬入词中，于平易中见神奇。移步换景，一句一景（白描），视听结合，营造浓郁的乡村气息，描绘了欣欣向荣的繁忙景象。

枣花的香气，缫车的响声，卖瓜人的悠然，组成了一幅清新自然的田园图画。三句话，三个画面，似乎东鳞西爪，毫无联系，可是用谢雨的路上这条线串起来，就让人感到这幅连环画具有很强的立体感。这一组画面，不仅有色彩美，而且有音乐美。簌簌的落花声，嗡嗡的缫车声，瓜农的叫卖声，使乡村的季节色彩、田家的农事活动、农村的生活情态融为一体。

※ 品语言

1）我从文中的 ____ 词/句中，感受到了 ____ 。

（默读圈划—同桌分享）

2）妙句赏析

（1）簌簌衣巾落枣花。

读到这句，你眼前仿佛出现了什么画面？请描绘一下。

（2）敲门试问野人家。

这首词清新朴实，明白如话，仅“试问”就让词人的形象栩栩传神。请结合末句的内容，分析词人的形象。

如何理解词的结尾？

“含不尽之意，见于言外”。

※ 悟情感

《浣溪沙》全词有景有人，有形有声有色，乡土气息浓郁。日高、路长、酒困、人渴，字面上表现了旅途的劳累，但传达出的仍是欢畅喜悦之情，表达了主人公县令体恤民情的精神风貌。这首词既描绘出了初夏乡间生活的逼真画面，又记录下了作者在路途上的经历和感受，为北宋词的社会内容开辟了新天地。

※ 巧练笔

展示画面，配以音乐，让学生将诗改成散文。

※ 齐背全诗

浣溪沙

苏轼

簌簌衣巾落枣花，村南村北响缲车。牛衣古柳卖黄瓜。

酒困路长惟欲睡，日高人渴漫思茶。敲门试问野人家。

4. 教师小结 课外拓展

苏东坡是执着的乐天派，是百姓的好朋友，是才华横溢的散文作家，是伟大的书法家，是政治上的坚持己见者，是月下的漫步者，是诗人……

**推荐阅读**

林语堂——《苏东坡传》

苏轼——《东坡志林》

**五、课后反思**

古诗词的教学要注重培养学生鉴赏古诗词的能力，教师授课时尝试采用了“读韵味—赏意境—品语言—悟情感—巧练笔”的五步导学模式。

环节一：读韵味

诗词的情感需要反复诵读才能体会出来，因此我采用听范读、跟读、自由读的方法让学生去评价，去体会，在诵读之前提醒学生读准字音，读准节奏，读出韵味。

环节二：赏意境

根据先整体感悟再具体研读的思路设计导读提纲，让学生合作探究，共同研讨，教师引导学生重点赏析上片的内容，感悟清新自然的田园图画。

环节三：品语言

学生圈点勾画，自读研讨，重点赏析“簌簌衣巾落枣花”和“敲门试问野人家”，体会古诗文“含不尽之意，见于言外”的写法。

环节四：悟情感

学生探究学习后，教师进行总结。《浣溪沙》全词有景有人，有形有声有色，乡土气息浓郁，传达出的是欢畅喜悦之情，表达了主人公县令体恤民情的精神风貌。这首词既描绘出了初夏乡间生活的逼真画面，又记录下了作者在路途上的经历和感受，为北宋词的社会内容开辟了新天地。

环节五：巧练笔

展示画面，配以音乐，让学生将诗改成散文。

环节六：齐背全诗

从教学流程来看，整堂课较为流畅，教学环节比较齐全，巧练笔环节加深了学生对诗词内容的理解。这样的教学形式内容丰富，形式灵活，再加上借助于媒体手段调动了学生学习的积极性，提高了课堂效率。

**4. 引导学生合理归因，学会正确评价自我**

当人们从事某种活动取得成功或失败后，总会就行为结果的原因进行探究，这种对行为结果的原因的知觉和判断就是归因。最早进行归因研究的是心理学家海德，后来韦纳等学者将归因理论系统化。该理论认为，个体在完成一项活动后，无论成败，都会从能力、努力、任务难度、运气、身心状况、外部环境等几个方面进行归因，并把这些影响因素归纳为因素源（内部的和外部的）、稳定性（稳定的和不稳定的）、可控性（可控的和不可控的）三个维度。一般来讲，如果一个人把行为结果的原因归结为外部的和不可控的因素，就会降低个体的行为动机；把行为结果的原因归结为内部的和可控的因素，就会提高个体的行为动机。学习成绩差的学生由于连续的学业失败开始怀疑自己的学习能力，认为自己不能胜任学习任务，丧失了对学习的信心，由于过高地估计学习任务的难度，害怕失败，他们选择逃避学习，放弃努力，导致学业成绩不佳，形成消极的学业自我概念；而学习成绩好的学生会认为这是自己努力的结果，在今后的学习中会更加努力，充满信心，学业自我概念也会更加积极。教师除了要对学生学业成败的结果做出正确的归因外，还要引导学生采用积极的归因方式，这样才有利于学生形成积极的学业自我概念。

教师评价时也要注意分层，不能用一把尺子评价不同层次的学生，要相信：多一把尺子，就多一批优秀学生。在课堂提问、书面作业、课外辅导中，应抓住一切时机激励学生的自信心，善于用表扬式评价肯定学生，使学生处于积极的思维状态，保持高涨的学习热情。

对于优秀的学生回答出难度较大的问题，教师应给予鼓励，并提出更高的要求。

对于居中的学生要看到他们的成绩，及时鼓励，如果他们回答出难度较大的问题，要加倍鼓励，给他们以学习上的信心。

对于学困生要在评价上不挖苦、不讽刺，而是及时鼓励、耐心帮助，发现他们的积极因素，给予肯定，从而树立他们的信心，保护他们的成功感，让他们相信自己能够成功，并取得成功，从而不断成功，学业自我概念水平不断提高。

### 5. 拓宽教学渠道，打开学生的视野，搭建展示的舞台

互联网时代教育的任务不是简单地向学生传授在互联网上很容易查询到的知识，而是要兼顾知识的系统性和学生的能力，包括学习能力、思维能力和创造能力。各个学科除了共同的教学活动规律之外，还有着各自不同的体系和学习特点。学科核心素养是学科育人价值的集中体现，是学生通过学科学习而逐步形成的正确价值观念、必备品格和关键能力。语文学科的核心素养主要包括“语言建构与运用”“思维发展与提升”“审美鉴赏与创造”“文化传承与理解”四个方面。

（1）语言建构与运用是学生在丰富的语言实践中，通过主动地积累、梳理和整合，逐步掌握语言文字的特点及运用规律，形成个体语言经验，发展在具体语言情境中正确、有效地运用语言文字进行交流沟通的能力。语言构建与运用是语文核心素养的重要组成部分，也是语文核心素养的基础。

（2）思维发展与提升是学生在语文学习中，通过语言运用获得直觉思维、形象思维、逻辑思维、辩证思维和创造思维的发展以及深刻性、敏捷性、灵活性、批判性和独创性等思维品质的提升。

（3）审美鉴赏与创造是学生在语文学习中，通过审美体验、评价等活动形成正确的审美意识、健康向上的审美情趣与鉴赏品味，并逐步掌握表现美、创造美的方法。

（4）文化传承与理解是学生在语文学习中，继承和弘扬中华优秀传统文化、革命文化、社会主义先进文化，理解和借鉴不同民族和地区的文化，拓展文化视野，增强文化自觉，提升中国特色社会主义文化自信，热爱祖国的语言文字，热爱中华文化，防止文化上的民族虚无主义。

“核心素养”理念下的语文教学目标不再以知识为中心，而是以学生为中心，这也就呼应了“以人为本”的发展价值观。这就要求教师在制定教学目标时，坚持以学生为本，尊重生命，遵循学生认知规律和教育教学规律。根据学生的身心发展特点，贴近学生的生活经验，切实考虑学生的兴趣、需要和关切。在传承人类文明成果和中华优秀文化时，要求教师实现角色转变，成为学生学习活动的组织者、参与者、引导者、促进者、激励者、示范者。此外，教师在落实校内课堂教学、实践教学的同时，还应灵活、综合运用社会资源，通过多种途径对学生进行科学系统的知识传授，使学生触及生活、感受生活，在学习生活中实现知、情、意、行一体化，从而增加学生的阅历，使学生思想成熟，获得愉悦的生命体验。

在保证教学质量与效益的前提下拓宽学科的教学渠道，打开学生的视野，为学生搭建展示的舞台，笔者着重从两方面进行了尝试。

第一方面是结合学生的特点开发古诗词校本课程。

古诗词是我国文学艺术的瑰宝，它意蕴深厚，博大精深。积累和诵读古诗词不但可以提升个人的文学素养，增强个人的文化底蕴，还可以激发人们对祖国传统文化的热爱之情，在潜移默化中受到文学艺术的熏陶。因此由笔者牵头，申跃老师执笔，完成了古诗词校本课程的编排。我们按时间顺序从先秦文学到清代文学，搜集整理了易读易诵的经典诗词七篇，每一篇又包含若干章，第一篇先秦文学分为诗经、论语、孟子、荀子、庄子五章；第二篇汉魏南北朝文学分为西汉文学、汉乐府、三曹及建安七子、竹林七贤、陶渊明、魏晋其他诗人、南北朝乐府民歌七章；第三篇唐代文学分为初唐文学、盛唐文学、中唐文学、晚唐文学、五代文学五章；第四篇宋金文学分为宋诗、宋词·婉约派、宋词·豪放派、宋文四章；第五篇元代文学分为元代杂剧、元代的散曲两章；第六篇明代文学分为小说、散文、诗歌、戏剧三章；第七篇清代文学分为小说、诗词、戏曲、散文四章。我们把这些内容作为课外诗词鉴赏教材，以期达到普及传统文化，拓宽教学渠道的目的。

根据学生年龄和年级的特点，结合学生喜爱诵读的需求，因势利导，增加相应的古诗词诵读内容，让学生在获取知识，提升古诗文素养的同时，提高学业自我认识水平。

第二方面是重视作文教学，提高学生的思维能力和自我认知能力。

“看破千道题，其实一文章。”作文历来是语文教学的重头戏，作文的好坏直接关系到中考语文成绩的高低。“优秀的习作应该来源于学生自己”，“用自己的独特经历写出与其他同学有差别、个性化的考场作文”。针对作文教学，笔者从以下几方面进行了尝试。

1）树立作文流程意识

作文流程即审题—立意—布局谋篇（选材）—提纲—成文—修改，同时还需在如何突出中心、描写、语言几方面进行针对性指导，下面逐项进行解读。

首先，审题要考虑以下几个要素：审题眼，审题目限制词，审导语，审题目要求。审题目要求包括：审选材要求，审文体限制，审字数要求，审人名、校名、地名要求。半命题作文补题时要遵守熟悉、贴切、新颖、正确、深刻的原则，可以尝试具体事物补题法、抽象事物补题法、特定情境补题法、修辞手法补题法。

其次，立意一要深，例如“迎着风奔跑”，“风”既指自然界之风，又指人生路上的风，如“苦难之风”“关爱之风”；二要高，心有大我，把个人情感上升到国家、民族的高度，也就是要有家国情怀。

再次，布局谋篇时一要围绕中心选取熟悉的、新颖的、积极向上的、短小的材料；二要结构完整，要交代清楚记叙的六要素，要考虑材料的详略主次问题。常见的是对比式和小标题式；顺序要合理，按时间、逻辑均可；过渡要自然，前后要照应。

布局谋篇之后就可以列提纲了，列提纲要求列出主旨、开头和结尾，中间的具体事情、内容分条开列，从而梳理好全文的思路。

成文时要考虑描写和语言两个方面。要有生动的细节描写，包括语言、动作、心理、环境描写等。描写环境时要抓住景物的特征，从不同角度调动各种感官，做到景情结合。在语言方面要用好动词和形容词，使描写生动传神；多使用修辞手法，可以采用比喻、拟人、引用等方法使语言更富有表现力。

最后修改时也要从以上几方面入手，重点是语言和结构。

2）明确考试失分点

一是书写不规范，卷面不整洁，主要涉及字迹书潦草、乱涂乱改、错别字、标点占位、字数不足几方面。二是内容不具体，中心不明确，思想消极。三是语言不流畅，表述有语病。四是篇章结构不完整，条理不清楚，首尾不能点题、扣题。

3）写作的教学实践需要有序、有法、有例

为了达到高效写作教学的目的，要把作文作为一门具体的课程安排到语文教学中，做到有序、有法、有例，循序渐进，如七年级的训练重点应为写人叙事；八年级应该写诗化的记叙文，详略得当，一波三折，感悟思考；九年级重点训练议论，练习写片段，字数在200~300字，找经典议论段做范文，让学生练习五句作文，观点句、阐述句、支撑句（事实道理）、分析句、总结句，支撑句可扩展为正反两句。五句作文中哪怕有一句有思想的句子，闪光的句子，就要对学生进行鼓励。

以《一段充满爱的旅程》为例。作者拟题时采用了抽象补题法，全文叙述了三个生活场景，用三个小标题“密密的爱”“甜甜的爱”“深深的爱”标明各部分的内容，每个部分独立存在，但又用“爱”这一情感线索串联起来，使得文章条理清晰，结构紧凑。开头用“淡淡墨香”“甘甜滋润”“驻足”“回眸”“撷”等生动的语言引出写作对象，开篇点题；结尾提到用成绩回报老师，照应开头。三个片段用过渡语句巧妙地连接起来，如“看着看着，我的眼眶泪花闪烁”；“无声的语言，常常打湿学生的眼眶”；“听着听着，我的心田暖流荡漾”；“动听的歌声，常常拨动学生的心弦”；“读着读着，我的心感动不已”；“美好的祝福，常常在学生的心田掀起巨浪”，使得全文过渡自然，条理清晰，中心突出。

4）考前做好安排

一是素材准备。纵观近十年的中考题目，选材内容无外乎两类：自我成长类和生活感悟类，选材范围包括家庭生活（亲情）、校园生活（友情、师生情）、社会生活（自然、真善美、小人物哲思）、青春感悟、乐观的人生态度、读书阅读等。

二是结构准备。文似看山不喜平，文章要写得有波澜。比较常用的结构有两种，一种是对比式，如《值得》，原来没有认识到，后来经过事情后认识到值得；《捡拾幸福》，之前的幸福被抛弃、被忽略，经历后重新捡拾。采用这种结构要注意详略得当。另一种是小标题式，一般使用三个小标题，三段内容可以是并列的也可以是递进的，拟题时要注意题目的句式特点和彼此之间的内在联系，切忌泛泛而谈。

三是开头、结尾准备。要精心设计开头、结尾，做到首尾呼应，开篇点题，结尾扣题，升华中心。语言要生动，能打动读者，可以引用诗句、名言，也可以使用修辞手法。可以从亲情、成长奋斗、青春、梦想几方面准备。

四是内容要求。一定要有生动的细节描写，多一些动作、心理的细节描写，少一些语言描写。还要有真实的感受，具体指自己所受的启发和获得的感悟，要做到合理、真实，既能感染读者，又能升华主题。

五是平时习作巧变式。可以采用换标题、改头法、换尾法、增删内容、补写语句、修改感悟、调整写作顺序、题记揭示主旨等方法，多角度发散思维，化一为万，万中选一。

六是强化审题。教师要安排一到两课时来讲解“如何审题”，引导学生利用题目中的一段话来搭建一个思维的支架，从中选择一个角度来写，目的是求稳；还要引导学生思考还有哪些写作角度，可以正面思考也可以反面思考，目的是求新。最后用例文进行指导。

一般来讲，语言和思想是齐头并进的，语文的核心任务是训练思维，而作文是学生使用语言表达思想的重要载体，有效的作文教学既可以提高学生的写作水平，还可以提高学生的思想觉悟，进而提高学生的学业自我概念水平。

学生在自主写作活动中思维得到训练，感悟生活的能力得到提高，学业自我认识也会随之提升。现将学生作文列举如下。

（1）关注自我类。

为了让学生更好地认识自我，我鼓励学生为自己写小传，并在他们写作之前对传记的相关知识进行了介绍。传记是对人物的生平进行系统记述的一种文章体裁。小传因记事比较简略，篇幅比较短小，初中生入手练习比较适宜。本写作专题不仅指导学生学习如何写好传记，也让他们懂得学写传记的意义所在。学写传记，要根据所写的对象确定写作方式。从传记记述的对象来看，一是为别人作传，二是自传。为别人作传又可以分为两类，一是记述普通人，二是记述名人。为身边的普通人写传记，首先要仔细观察人物的言行，还要以各种方式全面了解所写对象的生活经历，做到知人知面更知心，这样才能把人物写得真实、形象。为有成就的名人写传记，一般需要全面了解所写人物的信息，不仅可以阅读相关书籍，还可以借助网络搜集资料。如果写自传，准备过程比较容易，但是要将自己的经历写得有特色，能够表达自己的思想情感以及人生见解，需要在材料的选择与提炼方面下一番功夫。传记作品强调真实性，要做到人真、事真、言真、情真，以真取信，以真感人。

例文如下。

**这就是我**

她的个头矮小，在同学中并不十分出众。她身体有些瘦弱，连傲气的筋骨都能看得很清楚。可怜但却有些圆的鼻子占据了脸的大部分面积，一副深蓝色的眼镜架在鼻梁上，不仅显不出成熟且博学多识的样子，反而让人觉得她像个低年级的小学生一样。

在外人看来，她是个文静的女孩；在同学看来，她则有些活泼好动；在好朋友看来，她时而文质彬彬的，时而疯疯癫癫的，反正有些神经质。

只要奔跑，就有方向

如果你看到一个嘻嘻哈哈的女孩混在男生堆里玩单杠、双杠，做俯卧撑，不用猜了，那就是她。她喜欢做运动，喜欢在操场上无忧无虑地奔跑，迎着风向前冲 ，哪怕头上的自来卷在风中凌乱，像狮子头一般，只要不停奔跑就有希望，方向永远是跑道前方。

只要读书，就会快乐

她从小就认为没有书的世界是可怕的，一个人，没有书，孤零零地在迷雾茫茫的世界中待着，心中充满恐惧，这是一件多么悲哀的事情啊。所以她爱上了书，在书海中遨游，看《繁星》，听《春水》，看《孔乙己》中社会的黑暗，观察生活中的《昆虫记》。因《外公是棵樱桃树》而流泪，因《小河男孩》而懂得生命的真谛。“湘江北去，橘子洲头，看万山红遍，层林尽染，漫江碧透，百舸争流”，她更喜欢的是毛泽东的诗词，因为可以体会到江山如画，胜利的喜悦，豪迈的气概。有些时候，她还会因读书而忘记吃饭的时间。

只要画画，就会疯癫

跟着音乐的律动，在高潮时摇头晃脑地挥洒笔墨，这是她一贯的作风。她从三年级时开始学习国画、素描，到初二仍坚持画画，她认为画画是美好的，当画家是她的理想，她一生的事业，好多时候，她会哼哼着小曲，任笔在纸上沙沙作响。画些小写意，体味竹的坚韧，兰的馨香，莲的清廉。听风浅吟，任风拂过纸张。忆起那次，她刚学完画八哥、梅花，在回家的路上便一直想着八哥的画法。先勾鸟喙，再点眼睛，然后画鼻孔，头上有两绺羽毛，脖子用散锋点几笔，叠加几层墨色，最后画翅膀、尾下的副羽、尾羽、爪子等。正在她聚精会神地想其特征时，被爸爸打断了，“这道题可以用什么方法做啊？”方法，画法，瞬时间她脱口而出，结果说出来的是八哥的画法，爸爸愣了一会儿，百思不得其解，最后忽然醒悟，哈哈大笑，她自觉得有些不好意思，也开始笑了起来，笑声久久不绝。画画的路上么，就是如此有趣，有点疯狂。

还有一点一定要告诉你，她这个人吧，有点马虎，有点磨蹭。做题的时候总是因符号写错而丢分，放学时总会因收拾书包慢让朋友等上十多分钟。

不过现在，她已经决定改过自新了，把这些毛病慢慢地改掉。

你猜她是谁？她就是我呀，一个兴趣爱好广泛，调皮可爱的女孩子。

（2）关注他人类。

**这就是他（朋友）**

一提起我的朋友，我就会想到他那圆鼓鼓的眼睛，如果他再使劲睁大一点，说不定眼珠就会掉出来！

他是一个男生，他的座右铭是“打不死你就气死你”。要选一个淘气王，我相信如果他是第二，就没人敢称第一。可他非常有趣，每当我不开心的时候，他总可以把我逗乐，看到他那滑稽的样子后，我就忍不住开怀大笑，一下子就把烦恼扔到九霄云外去了，这应该算他的一大优点吧。

他很顽皮，顽皮得让人伤透了脑筋，让人咬牙切齿。我在睡觉的时候，最讨厌别人打扰，而他偏向虎山行。下课后，我趴在桌子上睡觉，他肯定会来到我身旁，我一个翻身就跑去抓他。那个时候，他真像只猴子，我们大战三百回合，最后我抓到了他，可他还是像以前一样，从此，我们俩谁都肯不放过谁，针锋相对。也许老天也不放过我们，经过小学六年，在初中我们竟然以六分之一的概率成功进入同一个班。

开学第一天，他就和班里的同学打成一片，一起疯一起闹，他不会像别人一样小心谨慎，他总表现出前所未有的顽皮。在班里，他虽然没有很好的成绩，也没有过人的体能，但他有坚强的毅力，也有过人的胆识。在班里，他谁都不怕，尽管已经把人弄烦了，可他就是不怕，他像一只顽皮的小猴子，而且也是我们班的“开心果”。

上课铃刚响，老师就带着同学们读起了单词，而他也准备发功了，两手放松，脸直接贴在桌子上睡起来，还把书摆在桌前挡着，当老师喊到他的名字时，他就不知道该怎么办了。

下课后，他就没了事做，眼神一直游移不定地看着讲台，如果说全班是一个群体，那他就是其中最独特的一个了。

他不会想和别人一样，他就是他！

这就是他，幽默风趣的他，无坚不摧的他。

## 我的老师

从初一开始，她就是我们的数学老师——宋老师。初次见她的情景我已经记不太清楚了，但残留在脑海中的印象却很清晰——那张严肃的脸。

大概是她严肃的缘故吧，我对她总是有点畏惧，不知别人会不会像我这样。她是个不苟言笑的人，无论在什么样的情况下，她的脸上永远是那种风轻云淡的表情，有时想到这点便会很诧异，上课时便分了心思去研究那张脸，但到如今也没探究出一二，或许是她缺少快乐的细胞吧。

我们班的同学特闹腾，什么时候都敢闹，唯独对宋老师例外。她有一种气场，震得住我们。上她的课时，即使窗外日光灼热，热闹嘈杂不绝于耳，屋内有时竟安静得听得见呼吸的声音，偶尔有积极的同学附和老师，这才减缓了沉重的气氛。

宋老师为我们班付出了很多心血，为了我们她总是不厌其烦地说着诸如多做些题，上课听讲之类的话。路边的梧桐叶成片地掉落，被不安分的风卷起，听着听着一年多过去了，我们都在成长，也有了些蜕变。一些同学开始学习微笑着面对生活中的一切，而我也渐渐习惯了她那严肃的脸，习惯了她那唠叨的话语，很多次我觉得她和我们的对话就像清晨的第一缕阳光，漫不经心地洒在穿过绿茵的我们的脸庞上，隐约中挂着淡淡的微笑，那是发自内心的快乐吧，我想。

时光如白驹过隙，我轻倚在时光的路口，静待花开花落。转眼间就快初三了，每天上学经过几间教室，听着老师们的声音时，心里总是感慨：所谓珍惜不是每一个过程都看得很重，而是扔下今天不要的，拿好今天想要的。书在浅吟低唱，发出柔软的声音，与这些美好的话语交织汇集在一起，谱写成一首动人的歌谣。

回到教室，一个人在窗前凝望，这是青春早已看惯的景色，却依然有些陌生，因为不曾认真地去回忆。

恍惚中听到上课的铃声，蓦然回首，宋老师来了，眼睛清澈如水。

## 我的青春里有你真好

几度花开花落，有时快乐，有时落寞，很欣慰生命的某段时光，曾与你一起度过。

——题记

成长，是一个曲折而又艰辛的过程，在这个过程中，会有酸甜苦涩。幸好有你，这条路才不再难走；幸好有你，这条路才会在变迁中而不苍凉；幸好有你，这条路我才走得充实而快乐。青春路上，有你真好。

刷牙·无微不至的爱

初一时，我刷牙不认真，总是草草了事。记得有一天早晨，我起床后就直奔厨房，刚坐下拿起筷子，端起碗，准备把饭往嘴里放时，发现你目不转睛地看着我，嘴角微微翘起。我被盯得莫名其妙，大清早，老爸这是怎么了？你一本正经地告诉我你要去买凿子。买凿子？我一脸疑惑。老爸买这种东西怎么跟我商量起来了。“只有这样才能还我儿子一口整齐洁白的牙齿啊！”听了你的话，我愣了一下，不由得哈哈大笑。忽然一想不对劲儿，不觉满脸愧色，急忙飞进卫生间。从此以后，每当我偷懒不刷牙的时候，眼前总是浮现出一把明晃晃的大凿子，直冲我来。

回味生活，已经记不清多少习惯是在你那幽默的话语中养成，是你让我学会用心体验爱。

书籍·用心良苦的爱

你十分讲信用，这一点我深信不疑，有一次你答应我回来的路上给我买个大蛋糕。没过多久，你回来了，我赶紧跑过来打开你刚放下的袋子，只见一本精致的百科全书映入眼帘。我看着，心想爸爸还蛮细致的，还另有奖励啊，但还是吃的要紧。我翻来覆去地找，连蛋糕的影子都没看到，我急了。这时，你赶紧解释，“乖儿子，这就是蛋糕啊，营养可丰富了，天文、地理、历史、科学……这还不够你吃的？”你得意地看着我。我又急又想笑，你知道知识面不广是我的弱点，为了我，你这次还真是煞费苦心。然后，你就像变魔术一样拿出一个蛋糕，我一愣，随后一蹦三尺高，围着你转了好几圈。

读着书籍，轻捻几页，你用心良苦的爱我已读懂。我的青春，感谢有你相伴。

象棋·饱含关怀的爱

记得那是“一模”后的时光，那段时间，我整个人沉沦在失败的深渊中，你看在眼里，愁在心里。终于有一天，你又听见我在唉声叹气，忍不住了，问我愿不愿意下一盘棋，我愣了愣，回头看了看书桌上的卷子，心中一痛也就答应了。望着熟悉的棋盘，心中不禁缓和了许多，来来回回几十个回合过去了，棋局变得越来越紧张，容不得走错一步。这一幕，和我考试的情形何其相似，但在关键的时候，我却失误了，可真是，唉！不知道是你是否觉察到了什么，下了一步错棋，我一愣，可是你脸上没有丝毫的慌张。我心中不禁一喜，手起棋落，似乎要锁定胜局了，可你毫不犹豫地落子，立刻反转了局面，不过几回合，胜局已定。我的心突然被震撼了，双眼紧紧地盯着棋盘，你望着我，富有深意地说：“虽然我落错一子，但是谁说失误一定等于结局？”是啊，人生漫长，一次小小的失误怎能否定全盘的结局呢？我懂了，抬起头，恢复了往常的自信，“再来一局，我不服输！”

下着象棋，眼观六路，耳听八方，手起棋落，耳边似乎还回荡着你那饱含关怀的话语。

因为有你，我的青春不再彷徨。

风吹散了沙子却吹不平刻满记忆的石子，太阳东升西落带走了时间却带不走满载的回忆。枕着暖阳，回忆有你相伴的时光，轻声说一句，我的青春有你真好。

**母爱习题**

已知：小草，因为有了雨水的滋润而蓬勃生长；

花朵，因为有了阳光的普照而绽放美丽。

求证：孩童，因为有了母爱的呵护而快乐成长。

证明：

冬天，是我出生的季节。据家人透露，我刚出生时很爱哭，哭得是天摇地动呀！所以妈妈很晚都不能睡觉，只能轻轻地、用温柔的歌声哄我入睡。我能想像，母亲是怎样哄我入睡的，也许，母亲的歌声把那星星都唱笑了……

春天，是我最喜欢的季节，一切都那么富有生机。我在四五岁的时候，常常犯一些错误。一个镜头在我脑海中闪过：我不小心打碎了一个花瓶，因为当时很小，害怕父母责怪，便哭了起来。但是，出乎意料的是母亲用关切的目光看着我，脸上写满了安慰——我没有受伤。

夏天，一个炽热的季节，我贪婪地吮吸着雪糕。一根又一根，凉爽！每个贪婪的人最后都会受到惩罚——胃吃坏了。我很难受，母亲每一次心疼的眼神，每一个关心的动作，每一句关怀的问候，都令我难忘——病好了！

秋天，落叶纷飞，一丝幽静。傍晚，在灯光下一支笔"唰唰……"，豆大的汗珠滴了下来。屋外，刮起一阵温柔的风，拂过每家每户，把她所珍藏的爱带给每一个人。透过窗，我与风有了亲密接触。脚步声越来越近了，是母亲。她手里端着一碗热汤，金黄色的汗珠不停地闪烁……

由此可得：一年四季，母爱从不停息，用不同的方式表达同一个真谛——爱。

答：小草，因为有了雨水的滋润而蓬勃生长；

花朵，因为有了阳光的普照而绽放美丽；

孩童，因为有了母爱的呵护而快乐成长。

（3）生活感悟类。

**遇见另一个自己**

在某个软弱的瞬间，是梦里撒脚如飞的少年，教我以纤弱双翼，不负韶华。

——题记

秋天，多风的季节。我在这个季节里，迎来了多风的初三。

幸好有了减负政策，倒不觉得被功课压得喘不过气来，现在应该担忧的，变成了体考。其实说来也怪，不论是跳绳还是仰卧起坐我都不在话下，但是唯独，对于长跑，我，束手无策。

也许，是我们都束手无策。越不擅长，便越不愿意练，越不愿意练，便越应该练。因此，每节体育课最少跑八百米。我们似乎成了梁任公口中的“第二等苦人”。

当然了，这节课也不例外。热身活动的时间过得总是格外快，稍不留神，我们便已经站在跑道上了。望着这红色的塑胶跑道，我不禁憧憬起体考成功的那一刻……

耳畔突然传来急促的哨音，我堪堪扯回思绪，跑步开始了。

沉重的脚步砸在长长的跑道上，我抬头看看，领跑同学的校服微微摇曳着，像一面洋洋自得的旗帜。前四百米，我算是勉强跟了下来。但是大约五百米之后，我明显感觉双腿似灌铅一般，尽管大口大口喘着气，还是觉得快要窒息了。唉，看来历史又要重演了。

突然，脑海中响起一个熟悉而又略带嘲讽的声音：“果然，跑第一只是梦里的你。”

“我不过是没好好练习而已，等过些日子，我认真练过了，跑第一轻而易举好不好？”我解释着。

“你以为你还有多少时间？你已经初三了！”

我一怔，是啊，我哪里还有时间，哪里还有退路。

“嘿——你，借一下你的速度和力量。”

她没应答，只是在我的前方默默地奔跑，眼前的场景却和梦里的画面隐隐交叠，我的什么东西好像被她抓住了，深情相拥，水乳交融。

我看到我迸发出了前所未有的光芒。我的身体像被什么东西操纵着，喘着粗气追了上去。嗯，累，还是很累，可是一点也不想减速，我所追逐的，是前方的终点，或许还有什么。

原来信念有着这么大的力量。

跨过终点时，我听见老师说了一声“女中豪杰”。我心里绽开了灿烂的花火，这种成就感，不是成绩能带给我的。谁曾说过：“吃得了练体育的苦，其他的事，都不在话下。”

我在心里默默对另一个我说了一声谢谢。突然，我意识到，另一个我，也是我啊。她是我坚强的那一面，她出来阻止了我放弃，让我明白，其实我，可以的。

原来坚强的人，都有隐形的翅膀。

从那以后，不论过程怎样艰苦我都尽力坚持下来，因为我知道，也是那个自己告诉我的：你若发现这次的过程极其艰辛，也许是因为这次的果实尤其独特。

### 初中生活二三事

时间如涓涓细流绵延不绝，而初中生活就是这细流中小小的水滴。它那么小，然而它晶莹剔透，充满喜怒哀乐的情感。它伴随着时间的流逝走过三年的春秋冬夏，然而，这颗小小的水滴却会永远滋润着我们的心田，记忆在我们的心中。

春，以她的盎然生机、秀丽妩媚动人心弦。

时间的长河随着我翻开的记忆倒流到了那年春天。这年，我们刚刚迈进初中的校门，我们稚气未脱，我们放荡不羁，我们快乐无忧。每一位同学都有着自己的个性却也拥有着一颗炽热的心——热爱着我们的班级。这年，我们参加了校园合唱比赛。看，第一个上场的就是我们。随着音乐《感恩的心》在操场上回荡，一双双稚嫩的手伴随着歌唱在空中划出一个个手势，一个个跃动的音符缚住了行云漂浮的脚步，触到了在场的听众心中最柔软的地方。最后，我们获得了比赛的冠军，所有的人抱成一团，笑着……哦，是春。

夏，以她的热情奔放、炽热强悍激人奋发。

夏日的太阳毒辣辣的，尽情地把阳光抛向大地。宽阔的操场上有我们刻苦学军的背影，一遍又一遍的“稍息、立正、齐步走”是基础训练，十分单调。如果说白天的训练时间是可怕的地狱，那晚上的休息时刻便是美丽的天堂。姐妹们在熄灯之前忙忙活活，有闲聊的，有洗漱的；在熄灯之后安安静静，不敢出声。请不要以为我们已经休息了，事实上，片刻的安宁过后便是暗夜的狂欢。过于兴奋的同学们一骨碌爬起来，偷偷地吃零食、喝饮料，不然就以怪异的声调讲述令人胆寒的鬼故事，胆大的若无其事，胆小的则蒙着被子瑟瑟发抖。哦，是夏。

秋，以她的温文尔雅、累累硕果引人陶醉。

在秋的丰收中，我们也收获着学习带给我们的精神财富。在书的海洋中遨游：与古代诗人领略大好江山美景；与现代学者、诗人感受时代变迁；与外国作家感受异国文化。在知识的山峰上攀爬：学语文的优美，数学的聪慧，外语的流畅，物理的机智，化学的变换。与同学共谈古今中外，共争真相结论。哦，这是秋。

冬，以她的飘逸动人、坚忍不拔激励人心。

此时的我们即将毕业，毕业就要面临分离。这就好像险峻的高山躲不掉寒冷的风雪，但风雪却阻挡不住我们彼此的真情。

春夏秋冬即将走过，时间的长河也即将消逝在远方，永远不变的是心中那颗最明亮的水滴。

## 雪，美妙的精灵

飘，慢慢地飘。

夜，漆漆的。白色的精灵从天上降临人间。她，悄然飘落；她，蕴蓄着神秘。

看那一层薄纱，轻轻地披在了大地母亲的身上，她的轻柔让大地母亲安恬地进入梦乡，可她还在不停地飘下来，好像永远不会停止一样。

大地上，没有一样东西不被覆盖，可爱的精灵把轻柔带给了整个人间。

深夜，寒气袭人。

也许她怕把大地母亲冻醒了，于是又为大地披上了一件厚重的雪衣，母亲又因温暖而甜甜睡去，万籁俱寂。

劳累一天的大地母亲，终于可以好好地休息一下了。小精灵为此很开心地跳起舞来，从天上一直舞到人间，旋转飘下，舞姿翩跹，每一支舞都蕴含着她的快乐，她无声地笑了。

在路灯的照耀下，她发出闪闪的光，耀眼而又夺目，每一片都如此。她比钻石珍贵，比珍珠抢眼，胜过一切美丽的物体，她是大自然的恩赐。

天渐渐地亮了起来！

人们不禁感叹她的神力——一夜间覆盖人间；一夜间使整个大地银装素裹；一夜间荡涤所有的污秽。

美妙的精灵，虽然她会融化；

美妙的精灵，虽然她会被玷污；

美妙的精灵，虽然她会变成孩子们的玩具……

不过，她还是无声的……

## 幸福和谐的乐章

悠悠乾坤，万物生灵，大自然每天都上演着幸福和谐的乐章。

——题记

“仲夏苦欲蒸，既夕热未解。”炎炎夏日，我们全家开启了坝上草原之旅。

经过五六个小时的长途跋涉，我们终于到达了目的地。下车的时候，已经是中午了，但凉爽的空气驱散了大家旅途的疲劳。

“久在樊笼里，复得返自然。”第二天早晨，我们就迫不及待地开上当地的电瓶车，在草原上尽情驰骋。

“洗去仲夏热，如逢晚来秋。”我驾着电瓶车行驶在草原的小路上。仰望天空，天空格外得蓝，蓝天上的朵朵白云好像离我们很近；放眼望去，一望无际的草原尽收眼底。看着这番美景，我总想高歌一曲，以表示我满心的愉悦。

一路上，我们开开停停，野草长得跟我们一般高了，五颜六色的不知名的野花点缀在草丛中，不时散发着阵阵香气。真想采摘一把野花把我的车装饰成漂亮的花车，但耳畔有一个声音在提醒我，不要破坏这和谐的画面。

这时，我忽然发现草丛中有一只彩色的蝴蝶落在了不知名的野花的花瓣上，它扇动着美丽的翅膀，像一个优雅的舞者，向人们展示它优美的舞姿。我被这情景深深打动了，一个想把蝴蝶据为己有的想法涌上心头。

我停下车，悄悄地走近蝴蝶，身子前倾，双手渐渐合拢，猛地往前一扑，蝴蝶就在我的手掌之中了。我高兴地捧着自己的战利品给妈妈看，妈妈可不像我一样高兴。她语重心长地说："每一个小动物都是一个小生灵，大自然因它们的存在而变得多姿多彩，我们要善待生命，感谢它们为人类所做的一切，而不能自私地把它们据为己有。"

是呀，蝴蝶属于大自然而不是为某个人专属。想到这，我不舍地张开双手，蝴蝶从我手中慢慢飞走，望着蝴蝶婀娜飞舞的背影，一种莫名的轻松与自豪荡漾在我的心间。

不知不觉中我们开到了草原的深处，那里的空气更清新了，空气中混着青草的味道和野花的香气，让人心旷神怡，流连忘返。我们不禁感叹大自然的神来之笔，人在大自然面前显得多么渺小啊！草更高了，天更蓝了，时不时我们会看到小鸟飞过，小动物从草丛中跑过。在草原上我们偶遇了一位骑着大摩托车的年轻人，他是我们的老乡，在他乡相遇，真是备感亲切。我们坐在他的大摩托车上照相留念，用照片记录下这美好、和谐的瞬间。

沿途我们还拜访了草原人家，看到了最具蒙古特色的敖包，敖包是当地人用来祈福的，它寄托了人们的美好愿望。

"敕勒川，阴山下，天似穹庐，笼盖四野。"这几句乐府民歌诗句是草原景色的真实写照。短短几天的张北坝上草原之旅结束了，但草原的辽阔，大自然的美丽，人与自然的和谐相处却深深印在我的记忆里。

记得有这样一句话：无须挂画，门外有一幅巨画——名叫自然。的确，大自然的美是无穷无尽的，而每个人，则是这幅巨画上最亮的色彩。让我们感谢大自然的馈赠，拥抱自然，热爱自然，珍爱我们的生态环境，在自然的怀抱中感受生活的美好与幸福。

大自然每天都上演着幸福和谐的乐章。

## 幸福就在身边

幸福是什么？幸福是微风送来的花香；幸福是大自然赋予的美景；幸福是令你怦然心动的温暖。只要你细细品味，就会发现幸福无处不在。

首夏犹清和，芳草亦未歇。炎炎夏日，我和父母漫步公园，尽情地享受大自然的爱抚。

一些不知名的野花散落在草丛中，在阳光的照射下，不停地眨着眼睛。河边的杨柳在微风的吹拂下，吟出了漫天飞舞的柳絮，丝丝茫茫，虚虚飘飘。河里的鱼儿也不再寂寞，你追我赶，在属于自己的世界里自由地畅游。

一个小土山吸引了我，我萌生了和爸爸比赛爬山的念头。我身体轻便，一会儿的功夫，就跑到了山顶，而爸爸被我远远地甩在了后面。他到达山顶时，早已累得气喘吁吁了。“一局不算，咱们再来一次！”

第二局比赛开始了，我又很轻松地跑到了山顶，而爸爸还在半山腰努力坚持。只见爸爸身体微微向前倾着，弓着腰，左右挥动着手臂，两条腿费力地向前挪动，一种不服输的坚毅的神情写在爸爸的脸上。看着他蹒跚的样子和头上新增的白发，我的心猛地一颤，爸爸已不再年轻，爸爸的腰已经不像昔日那样挺拔了，那眼角的皱纹，那有些昏黄的眼白……那个曾经用宽阔的背为我遮风挡雨，那个曾经为我四处奔波，那个会在我无助的时候保护我的爸爸也会变老！他为工作、为家庭、为我操劳得太多了！此时的您正在用行动告诉我做人要有不服输的精神，有您的特殊的关爱何尝不是一种幸福呢？

一股莫名的感动涌上心头，我深深地懂得，再鲜艳的花也会有枯萎的一天，再强壮的爸爸有一天也会衰老，而我需要做的，就是在您身边，陪您慢慢变老。

我伸手拉住了爸爸，父子俩并肩向山顶进发。

物如此，人亦然。

幸福离我并不远，它是亲人对我的关爱；它是生活中平凡而精彩的点滴。

用眼睛去发现，用心灵去体会，幸福就在我们身边。

### 捡拾幸福

时光无言流逝，缓缓而又匆匆。每一个时刻，都会有点点滴滴的幸福印记隐藏。宛如杨树上高高挂起的叶，在秋风中缓缓飘落，但它并不会逝去，轻轻拾起，将这携带着阳光的幸福印记留在心里，即便历经挫折仍然乐观与感恩，温暖着我的心灵。

### 画竹不成空烦恼

那年，我刚开始学国画。老师教我们画竹，那一挥而就的坚韧。我跃跃欲试，可刚拿起笔调墨，水就涂多了，努力画那竹秆，却像泥鳅一样在纸上弯弯曲曲，竹枝散乱，竹叶也涂成漆黑一片。我不甘心，一遍又一遍地尝试着，却总是一片狼藉。我愤愤地将笔扔在纸上，瘫坐在椅子上，听着窗外寒风凛冽，吹刮着竹叶沙沙作响，仿佛自己也身处严寒中。唉，这世上哪有那么多幸福的事啊！

### 苦茶一沁点迷津

“晔儿，过来喝茶。”爷爷在客厅叫我。既然画不好画，那就喝点茶放松放松呗。我像往常一样跑到客厅，看见爷爷意味深长的笑容，不禁有些疑惑，但还是在爷爷的注视下端起茶杯，轻抿一口，咦，今日的茶怎么这么苦。对上爷爷的目光，爷爷点头示意我喝下去。于是乎，任苦涩在嘴中蔓延，用力不想这难以下咽的味道。渐渐的，我发现了另一种味道，略带苦涩的清香使我心头一震，咂咂嘴，是一种别样的清甜。不知不觉中，一缕带着绿意的阳光洒在茶杯上，抬头，猛然发现一片碧绿耀眼，听不到刺骨的寒风，唯有一缕镌刻着竹叶的生命活力的光芒射进我心里。爷爷笑了，忽而严肃起来，“生命也是一样，有时候你认为的苦，在坚持不放弃后，却是一种甜，一种更含深意的幸福。”

**品味幸福苦茶香**

看着爷爷那饱经风霜的眸子中的倔强与坚强，我恍然醒悟，仿佛在满屋的茶香中看到了一颗坚韧的竹，傲然挺立，无所畏惧。是啊，如这苦茶，如这竹，拿起笔，任笔墨挥洒心中的竹，在磨难中一次次成长，最后迎来阳光，又何尝不是一种幸福？

有人说生活很平凡，幸福很遥远，其实幸福无处不在，那些苦涩，换一种感恩的心态对待，又何尝不是幸福？用心捡拾幸福吧，细细体味，那幸福便会在阳光下闪耀光芒！

**星子**

风过，
像不知名的轻柔微笑。
仰望星空，
并非死气沉沉的黑暗。
听——
有风的轻，
灵叶的生长，
闪耀的星。

星子，
仿佛唯美的记忆，
带着神秘的气息，
散落夜空。

漫漫宇宙无尽时空，
岁月的长河中，
一个个古老的封印苏醒，
化作空中那颗星星。

黑夜变得如此可爱，

闪耀着梦想。
失意时，
不妨在星空下寻找答案，
那里有久违的温暖洋溢！

想起《小王子》中的话：
“我会住在其中的一颗星星上，
会在其中的某颗星星上笑着，
所以当你晚上守望夜空时，
你会觉得所有星星似乎都在笑……
你——只有你——
拥有会笑的星星。”

**那抹阳光**

天空不留下鸟的痕迹，但我已飞过。

——泰戈尔

夏日的阳光烘烤着大地，从窗外射入的那抹阳光，在书桌上散开来，蔓延在燥热的屋里。

大考的脚步离我越来越近，压力、烦躁……此时都向我袭来。抬头望见窗外那一盆云松造型的盆景，它和我同龄，如今的它已经枝繁叶茂，而我却被成长路上的风雨压得停滞不前。

母亲走到我面前，在书桌上放下一叠文学名著。是呀，自从上了初三，很少有时间投身于我所热衷的“悦读”。望着久久未翻的小说、诗词，我的心重又泛起涟漪。

伴着那抹阳光，我翻开了书，我看见把酒临风的苏轼向我走来。青灯黄卷十年心，回首旧游，花残叶落惊蝶梦，月白风清其有意，弹指刹那，斗量车载已无名。如风的苏轼，即便你才华出众，岁月的斑驳也将叶的心脉风干成一枚枚泛黄的书签。

苏轼同我一样满腔豪情，但他始终坚守自己的信念，坦然面对一切得失，敢于吟出“竹仗芒鞋轻胜马，谁怕？一蓑烟雨任平生”的诗句。所有的危机苦难，反而使他破茧成蝶，使他真正走向成熟，于是，诞生了《赤壁赋》这样的千古杰作。

我若有所思——也许面对失败的我也该多一份坚守？

飞过历史的星空，我看到骑鹿而歌的李白向我招手。

李白同我一样对前途充满了希冀，他满腹经纶，却遭官场排挤，于是他高喊“安能摧眉折腰事权贵，使我不得开心颜”狂笑而去，他高唱“天生我材必有用，千金散尽还复来”，将自己的豪情泼洒于山水间。他坚守自己的信念，屹立于盛唐之上！

我终于懂得了，原来他们也有同样的豪情壮志，只是他们勇于面对眼前的失败，勇于坚守自我。

我又将目光瞥向窗外，最初在室内生长的那盆盆景，经历了风雨摧残后变得更加挺拔俊秀。

别再犹豫！我对自己说，我也会坦然面对眼前的挫折，坚守自己的信念！

盈一抹领悟，收藏生活中的点滴收获，于生活的海洋中踏浪，云帆尽头，轻回眸，处处别有洞天，云淡风轻。

我合上书，自信地抬起头。

**感悟片段**

片段一：同样的起点，同样的生长环境，却有不一样的成长结果。经过一周的默默积蓄，蒜头的底部开始生出白皙的根须，于是新的生命在有了扎实的根基之后开始绽放。先是有绿芽从蒜体中挣脱出来，然后其以每天近两厘米的速度生长。蒜苗长到一定高度，具备成熟的力量后，开始逐步挣破外壳，直至脱掉外衣，完全摆脱外壳的保护。自此，一个自由、成熟的生命开始了它新的征程，它要靠自己的努力去完成自己的使命，实现自己的价值！挣破外壳的声音像花开的声音，清脆、悦耳。那是生命欢呼的声音……

一周之后，蒜苗长势良好。有的已经葱绿挺拔，有的虽稍矮些，但也不甘落后，紧紧追赶。一花一世界，一叶一追寻，春天的脚步已悄然而至。不经意间万绿丛中有一颗种子悄悄发芽，它白皙的根须隐约可见，只是未见其跟上伙伴们的步伐。但看它的模样是那么淡定和从容不迫，稳居丛林中不急不躁，外壳的表皮光滑如旧，不禁让人慨叹它临危不乱的大将风范。我们知道，它不是在拖延，而是在积蓄力量，待根基牢固之后，定会厚积薄发，让生命绽放得更加绚丽多彩！是呀，每一个生命都是一个独立的个体，每一个生命都有自己的花期，只要我们放下包袱，轻装上阵，专心致志，心无旁骛，简单从容，勤奋乐观，每天都朝着正确的方向不断成长，每天都向着太阳奔跑，不忘初心，不负青春年华，便一定会迎头赶上，后来居上，梦想成真！

片段二：清明过后，天气转暖，万物复苏。我把室外种植的蔬菜上盖着的玻璃稍微错开了一点缝隙，结果前一天还生长旺盛的生菜和三根黄瓜苗全部耷拉下来，其他菜则依旧精神，而从室内移到室外的小枣树干枯的枝条在一夜之间布满了嫩绿的芽苞。我不禁慨叹：不是所有温室中的花朵都禁不住风吹雨打，有的也渴望风雨的洗礼！就像小枣树一样，禁得住考验，耐得住严寒，顽强、倔强地生长，在早春乍暖还寒的季节顽强生长！物竞天择，适者生存，优胜劣汰，关键在于自身的选择！物如此，人亦如此。

片段三：昨日运动有感。昨天我的步数达两万多，如果连续走这个步数，我可能会很累。但昨天我把它安排在早晨、中午、晚上回家路上和晚饭后进行，结果不但不累，还达到了预期的锻炼效果。由此可见：制订计划和执行计划时，一定要循序渐进，把大目标分成小目标，逐一落实，坚持下去，日积月累，持之以恒，坚持不懈，既轻松又有效果，最终会有很大的收获。

片段四：艺术家在创作时，往往会有意识地运用“无言”来获得更好的艺术效果。文学、音乐、雕塑等各类艺术作品都可以通过“言不必尽意、无声胜有声、含蓄不露”来表现“无言之美”。因此，欣赏艺术作品，不仅要注意有形有象的部分，还要关注其中的“空白”，感受作品的“无言之美”。例如，陶渊明的《归园田居》：“方宅十余亩，草屋八九间。榆柳荫后檐，桃李罗堂前。暧暧远人村，依依墟里烟。狗吠深巷中，鸡鸣桑树颠。户庭无尘杂，虚室有余闲。久在樊笼里，复得返自然。”白居易的《琵琶行》：“冰泉冷涩弦凝绝，凝绝不通声暂歇。别有幽愁暗恨生，此时无声胜有声。”

（4）传统文化类。

**灯火阑珊家团圆**

“闲云潭影日悠悠，物换星移几度秋？”如风般，时光匆匆而过，永不停息，在岁月的长河中惊起千层浪，滚滚东去，不变的，是属于中华民族的精神文化。

“爆竹声中一岁除，东风送暖入屠苏。千门万户曈曈日，总把新桃换旧符”是春节的习俗。“东风夜放花千树，更如吹落星如雨”是元宵节的风景。“十轮霜影转庭雨，此夕羁独向隅”是中秋思乡的情结。

于是，浸润着诗情画意与切身体验的传统节日文化成了我的钟爱，尤其是春节。

春节来临前，打扫屋子，去市场买春联、吊钱儿、福字，年年重复着，可到了准备过年的那一天，却又从心中冒出别样的新鲜感。正所谓每逢佳节倍思亲，当一切准备妥当的时候，对我来说，最迫切想要的便是回老家过年。有人觉得，坐火车回家是一个漫长的旅途，其实并非漫长，只是你的心中有种莫名的喜悦，微微的激动。为什么“回家”这个字眼能让全车厢的人沉浸在欢声笑语中，让疲惫的身心有种归宿感？回家是一种神奇的动力，因为家的花果总是最香的，家的山水总是最美的。“想念”是一个抽象的动词，但它是一个真实的概况，就像想念家里油锅中的烧肉，黄米面做的年糕，白糖杂粮炒的油茶面。想念的不仅是家乡的菜，更重要的是家乡的情，热爱这方土地，热爱亲人浓浓的情，情在此心，怎会不想回家？

回到老家，年味更浓了，仪式感也更足了，不是那些空洞、呆板的形式，而是老祖宗智慧的结晶，饱含着人情味的民族文化。亲人们亲切地问候，喝点茶，吃些水果，寒暄过后，便又继续尚未完成的工作。孩子们去买糖和瓜果，大人们去街上买春联、福字、吊钱儿等。

记得爷爷那时，总在院子里摆个桌子，在桌子上放个铁盆，盆里是水和面，搅拌着，那水和面便变成稀溜溜的大小不一的泥块，黏黏的，却在阳光的照耀下闪闪发光，这就是贴对联用的浆糊。将对联反面朝上放在桌上，几个小孩子小心翼翼地紧按着四角，大人均匀地往对联上刷浆糊。挪来梯子，熟练地将对联对好，贴在大门两侧，轻轻捋平，紧紧压实，爷爷在一旁看着，露出微微笑。将春联、门神、吊钱儿紧紧贴在门上，贴的不只是纸张，不只是一种习俗，还是人们对新年的期望和美好的祝愿。家家户户的春联仿佛是对年的约定，你看“迎新年，纳福吉祥家家乐；贺盛世，钟灵毓秀处处春”“春潮涌动强国梦，椽笔绘成富民图”，这也是传统文化对未来中国的期望吧。

除夕夜，户户灯火通明，孩子们在院子里踏雪，踩出一串串脚印。仰望，是星空与烟火的完美结合，有孩子挑着灯笼，映出莹莹晶雪，也有大人在一旁看着，孩子点着鞭炮之后拔腿就跑，耳边传来噼噼啪啪的鞭炮声，跑到远处观望，也是一场欢乐的盛宴，就像吴伯萧写的“小孩子喜欢火，喜欢亮光，仿佛是天性”。大部分人还是在屋子里，坐在炕上，围着圆桌，吃着年夜饭，看着春晚。这餐桌上，也是有礼仪的，辈分最高或年龄最长的，要坐在最里面向门口的显要位置，接下来可按辈分或年龄依次一左一右地排列，餐桌上摆好了大灶里煮好捞上来的热气腾腾的饺子，不过只有最年长的老人动筷后，小辈们才能动筷。吃饭时手要扶碗，夹菜时不能在菜里翻来拣去，碗里的饭必须要吃完，吃饭时不能吧唧嘴，不能张大嘴嚼，喝汤时不能发出咕噜声。大人敬酒要先给长辈倒，敬酒时要有敬词，我听到最多的就是身体健康，万事如意了。还有，在长者讲话时不能只顾自己进食，要放下筷子祝福。过年照例长辈是要给小辈压岁钱的，小辈把收来的红包压在枕头底下，据说能辟邪。

大年初一，亲戚邻里要早起串门、拜年，出嫁的女儿初二回娘家。有了这样的习俗，许久未见的亲戚也可以见面聊聊天。待到正月十五，“宝马雕车香满路，凤萧声动，壶光转，一夜鱼龙舞”，春节才算圆满地结束了。

有人说，这年是盼来了，可年味越来越淡。其实，年一直在，不过现在人们把年简化了，只简单地走一下形式，而忘记了蕴藏在年中的情感和中国的传统文化。如果没有这些，年还能叫年吗？只不过是一个时间周期而已。

我们现在的年轻人要谨记，在学习现代化的同时，不要忘记中华民族的传统文化，不能忘记尊老爱幼的传统美德，不能忘记琴棋书画，不能忘记传统的节日和内在的精神。

我期待每一个春节，灯火阑珊，美好祥和，家家户户笑开怀。

### 6. 加强学习，紧跟时代步伐，不断更新观念

我国教育“改革先锋”，今年刚满90岁的于漪老师，长期躬耕于中学语文教育事业，坚

持教文育人，推动将“人文性”写入全国《语文课程标准》，并明确指出教书育人不是技术问题，教课要带有理想情怀和责任担当，教师在传播知识的同时，还要传播思想、传播真理，点亮学生心中的明灯，这是教育最根本之所在。

以语文学科为例，新形势下语文的核心素养和部编教材具备以下几个特点。

首先是立德树人为首。2010 年国家中长期教育纲要就明确指出德育为先，全面发展，强调素质教育，如今教育部重新编订教材，从选材到编排、体例，核心素养的确定等都再次强调立德树人。从国家层面讲，朱之文部长的讲话，林崇德教授对核心素养的解读，都体现了教育德为先的指导思想；从民间角度看，《朗读者》《成语大会》等节目及《血溅钢锯岭》等电影，都强调了思想的重要性，这是社会发展使然。文学类科目尤其是语文的人文性和工具性的特点使得语文老师所承担的“传道”的任务更重，责任更大，针对以往重知识技能轻德育的现象，如何将人文性和工具性有机统一，值得探讨和深思。

其次是三位一体为法。教读、自读、名著阅读有机统一，授之以渔。叶圣陶先生说：教是为了不教。用好教材，圈点勾画，选好切入点都是很好的方法。如一位教师在讲授《秋天的怀念》时，以“那花，那人，那情”为切入点，导入、找寻、涵永、补白，构思很巧。《卖油翁》一课，教师以一个故事、两个人物、一个道理进行授课，也非常精到。

再次是体验和感悟为本。从读者的角度去感悟，以语言文字为载体，以现实生活为参照，用课外美文来拓展。不要空洞地说教，而要通过趣味活动让学生体验、感悟。把教育的意图隐藏起来，在寓教于乐的同时又重新回归了教育规律。

最后是守正创新为要。守正知识体系，守正课标，在课堂上少教多读，创造性地使用教材。因此，教师只有不断学习，更新教育理念，改进教学方法，才能更好地完成新时期的教育教学任务。

新时代、新形势对教师提出了更高的要求。作为教师，要认真履行传播知识、传播思想、传播真理、塑造灵魂、塑造生命、塑造新人的神圣职责，同时也要加强学习，与时俱进，不断提升自己的专业素养，既要会上课，也要会听课、评课。听课既是学生学习的主要方式，也是教师进行教学研究的最基本形式，还是促进教学观念更新、教学经验交流、教学方法探讨、教学艺术展示、教学水平提高的重要途径。听课、评课的过程，是教师在互动中获取经验、自我提高的过程。在当前课程改革的背景下，教师不仅要加强自身的基本功训练，更主要的是要从学生学习的角度提高教育质量，不仅要帮助学生解答问题，更要引导学生提出问题，引导学生进行个性化学习，做智慧型教师。

# 附 录

## 附录一 调查问卷

### 初中生学业自我概念调查问卷

亲爱的同学：

你好！这是一份从不同角度对学生学业情况进行描述的问卷，请你仔细阅读问卷的每个陈述，它会在不同程度上符合你对自己的描述。回答没有正确和错误之分，但请确定你的回答真实地反映了你对自己的感受，并请按你现在的感受回答，非常感谢各位同学的配合！

请用 1~5 分表示你的符合程度：1 分代表完全不符合，2 分代表大部分不符合，3 分代表不确定（部分符合，部分不符合），4 分代表大部分符合，5 分代表完全符合。请每题选择一个程度，在符合自己情况的项目上画“√”。

**第一部分：个人资料**

1. 班级：　　班
2. 性别：　①男　②女
3. 生源地：　①本地　②外省市
4. 年级：　①七年级　②八年级　③九年级
5. 家庭气氛：①和睦安宁　②争吵冲突　③紧张压抑

6. 父母教养方式： ①民主型 ②权威型 ③溺爱型 ④放任型

7. 父亲文化程度： ①小学 ②中学 ③大学 ④研究生

8. 母亲文化程度： ①小学 ②中学 ③大学 ④研究生

9. 父亲职业： ①不工作 ②工人 ③农民 ④公务员 ⑤教师 ⑥商人 ⑦其他

10. 母亲职业： ①不工作 ②工人 ③农民 ④公务员 ⑤教师 ⑥商人 ⑦其他

**第二部分：**

初中生学业自我概念调查问卷

| 编号 | 请根据自己的实际情况，在右边相应的选项上画“√”（共计22个题目） | 完全不符合 | 大部分不符合 | 不确定 | 大部分符合 | 完全符合 |
|---|---|---|---|---|---|---|
| 1 | 在学习过程中我经常感到快乐 | 1 | 2 | 3 | 4 | 5 |
| 2 | 即便遇到困难，我也会坚持学习 | 1 | 2 | 3 | 4 | 5 |
| 3 | 我为自己在学校的表现感到自豪 | 1 | 2 | 3 | 4 | 5 |
| 4 | 我总是积极处理学习上遇到的困难 | 1 | 2 | 3 | 4 | 5 |
| 5 | 我觉得学习是愉快的事情 | 1 | 2 | 3 | 4 | 5 |
| 6 | 我常常调控自己的学习 | 1 | 2 | 3 | 4 | 5 |
| 7 | 我对学习充满兴趣 | 1 | 2 | 3 | 4 | 5 |
| 8 | 在学习上，我总是主动计划和决策 | 1 | 2 | 3 | 4 | 5 |
| 9 | 我喜欢学习 | 1 | 2 | 3 | 4 | 5 |
| 10 | 优异的学习成绩使我感到很有价值 | 1 | 2 | 3 | 4 | 5 |
| 11 | 在学业上，我会积极应对，以避免学业失败 | 1 | 2 | 3 | 4 | 5 |
| 12 | 我的学习能力较强 | 1 | 2 | 3 | 4 | 5 |
| 13 | 老师一直把我看作聪明（优秀）的学生之一 | 1 | 2 | 3 | 4 | 5 |
| 14 | 在学校我感到很快乐 | 1 | 2 | 3 | 4 | 5 |
| 15 | 同学们都认为我的学习能力强 | 1 | 2 | 3 | 4 | 5 |
| 16 | 我为自己所取得的学业成绩感到自豪 | 1 | 2 | 3 | 4 | 5 |
| 17 | 当我面对重要的考试时，我知道自己能行 | 1 | 2 | 3 | 4 | 5 |
| 18 | 学业表现是显示我的能力，让别人认识我的一个方面 | 1 | 2 | 3 | 4 | 5 |
| 19 | 当学习一门新课时，我通常可以肯定自己的成绩会名列前茅 | 1 | 2 | 3 | 4 | 5 |

续表

| 编号 | 请根据自己的实际情况，在右边相应的选项上画“√”（共计 22 个题目） | 完全不符合 | 大部分不符合 | 不确定 | 大部分符合 | 完全符合 |
|---|---|---|---|---|---|---|
| 20 | 为了在学业上有所成就，我愿意加倍努力 | 1 | 2 | 3 | 4 | 5 |
| 21 | 读书对我来说是一件愉快的事情 | 1 | 2 | 3 | 4 | 5 |
| 22 | 我在学校很受重视 | 1 | 2 | 3 | 4 | 5 |

## 学业压力应对策略量表

请根据自己的实际情况，在相应的选项上画“√”。（共计 70 个题目）

| 编号 | 陈述 | 几乎不采用 | 较少采用 | 有时采用 | 较多采用 | 经常采用 | 编号 | 陈述 | 几乎不采用 | 较少采用 | 有时采用 | 较多采用 | 经常采用 |
|---|---|---|---|---|---|---|---|---|---|---|---|---|---|
| 1 | 制订详细的学习计划 | 1 | 2 | 3 | 4 | 5 | 11 | 观察学习压力对其他同学的影响 | 1 | 2 | 3 | 4 | 5 |
| 2 | 专心学习，忘掉烦恼 | 1 | 2 | 3 | 4 | 5 | 12 | 忽略压力的存在 | 1 | 2 | 3 | 4 | 5 |
| 3 | 努力寻求解决问题的办法 | 1 | 2 | 3 | 4 | 5 | 13 | 思考自己如何应对压力 | 1 | 2 | 3 | 4 | 5 |
| 4 | 注重行动，努力改变现状 | 1 | 2 | 3 | 4 | 5 | 14 | 把压力看成自己前进的动力 | 1 | 2 | 3 | 4 | 5 |
| 5 | 换一个环境，把不愉快的事情抛在脑后 | 1 | 2 | 3 | 4 | 5 | 15 | 从失败中吸取教训 | 1 | 2 | 3 | 4 | 5 |
| 6 | 认真分析产生压力的原因 | 1 | 2 | 3 | 4 | 5 | 16 | 把自己的压力与同学的压力进行比较 | 1 | 2 | 3 | 4 | 5 |
| 7 | 分析压力中的有利因素 | 1 | 2 | 3 | 4 | 5 | 17 | 把压力看成对自己能力的挑战 | 1 | 2 | 3 | 4 | 5 |
| 8 | 把压力看成锻炼自己的好机会 | 1 | 2 | 3 | 4 | 5 | 18 | 从具有相同经历的人那里寻求安慰 | 1 | 2 | 3 | 4 | 5 |
| 9 | 从以前克服压力的过程中寻找方法 | 1 | 2 | 3 | 4 | 5 | 19 | 主动向父母诉说 | 1 | 2 | 3 | 4 | 5 |
| 10 | 观察其他同学是否也有压力 | 1 | 2 | 3 | 4 | 5 | 20 | 主动请求老师帮助 | 1 | 2 | 3 | 4 | 5 |

续表

| 编号 | 陈述 | 几乎不采用 | 较少采用 | 有时采用 | 较多采用 | 经常采用 | 编号 | 陈述 | 几乎不采用 | 较少采用 | 有时采用 | 较多采用 | 经常采用 |
|---|---|---|---|---|---|---|---|---|---|---|---|---|---|
| 21 | 主动向咨询人员咨询 | 1 | 2 | 3 | 4 | 5 | 35 | 幻想没有作业该多好 | 1 | 2 | 3 | 4 | 5 |
| 22 | 把自己的不愉快告诉别人，希望得到同情 | 1 | 2 | 3 | 4 | 5 | 36 | 幻想自己有超人的本领 | 1 | 2 | 3 | 4 | 5 |
| 23 | 莫明其妙地发火 | 1 | 2 | 3 | 4 | 5 | 37 | 幻想自己已经解决了面临的问题 | 1 | 2 | 3 | 4 | 5 |
| 24 | 在日记中倾诉、宣泄 | 1 | 2 | 3 | 4 | 5 | 38 | 我的运气总是很好，经常能猜中考题 | 1 | 2 | 3 | 4 | 5 |
| 25 | 向好朋友诉说自己的感受 | 1 | 2 | 3 | 4 | 5 | 39 | 等待别人来帮助我 | 1 | 2 | 3 | 4 | 5 |
| 26 | 在KTV中引吭高歌 | 1 | 2 | 3 | 4 | 5 | 40 | 发挥其他特长来弥补 | 1 | 2 | 3 | 4 | 5 |
| 27 | 找个没有人的地方大哭一场 | 1 | 2 | 3 | 4 | 5 | 41 | 压力大是暂时的，我对结果充满希望 | 1 | 2 | 3 | 4 | 5 |
| 28 | 在体育场上累个筋疲力尽 | 1 | 2 | 3 | 4 | 5 | 42 | 为了前途，再大的压力也必须承受 | 1 | 2 | 3 | 4 | 5 |
| 29 | 幻想不切实际的事情来消除烦恼 | 1 | 2 | 3 | 4 | 5 | 43 | 想到父母的奖励，压力再大也无所谓 | 1 | 2 | 3 | 4 | 5 |
| 30 | 不看书、不做作业、不听课 | 1 | 2 | 3 | 4 | 5 | 44 | 多想想生活中愉快的事情 | 1 | 2 | 3 | 4 | 5 |
| 31 | 不想看书、不想做作业、不想听课 | 1 | 2 | 3 | 4 | 5 | 45 | 坏事也有好的一面，能忍则忍 | 1 | 2 | 3 | 4 | 5 |
| 32 | 在电脑游戏和网络中忘却学习带来的不快 | 1 | 2 | 3 | 4 | 5 | 46 | 默默忍受心中的烦恼 | 1 | 2 | 3 | 4 | 5 |
| 33 | 在一个没有人的地方呆坐 | 1 | 2 | 3 | 4 | 5 | 47 | 自己查找、阅读克服压力的资料 | 1 | 2 | 3 | 4 | 5 |
| 34 | 自己能力有限，只好听天由命 | 1 | 2 | 3 | 4 | 5 | 48 | 抱怨自己无能、没有出息 | 1 | 2 | 3 | 4 | 5 |

续表

| 编号 | 陈述 | 几乎不采用 | 较少采用 | 有时采用 | 较多采用 | 经常采用 | 编号 | 陈述 | 几乎不采用 | 较少采用 | 有时采用 | 较多采用 | 经常采用 |
|---|---|---|---|---|---|---|---|---|---|---|---|---|---|
| 49 | 后悔自己以前浪费了太多时间 | 1 | 2 | 3 | 4 | 5 | 60 | 把自己封闭起来 | 1 | 2 | 3 | 4 | 5 |
| 50 | 承认自己确实无能为力 | 1 | 2 | 3 | 4 | 5 | 61 | 与同学讨论如何缓解面临的压力 | 1 | 2 | 3 | 4 | 5 |
| 51 | 烦躁不安，却无济于事 | 1 | 2 | 3 | 4 | 5 | 62 | 提前设想多种可能的解决办法 | 1 | 2 | 3 | 4 | 5 |
| 52 | 寄希望于奇迹出现 | 1 | 2 | 3 | 4 | 5 | 63 | 提前做好时间安排 | 1 | 2 | 3 | 4 | 5 |
| 53 | 避免与别人谈论学习问题 | 1 | 2 | 3 | 4 | 5 | 64 | 不知所措 | 1 | 2 | 3 | 4 | 5 |
| 54 | 尽力接受现实，最大限度地利用它 | 1 | 2 | 3 | 4 | 5 | 65 | 郊游、散步 | 1 | 2 | 3 | 4 | 5 |
| 55 | 一步步缓解目前面临的压力 | 1 | 2 | 3 | 4 | 5 | 66 | 及时检查调整心态的方法是否恰当 | 1 | 2 | 3 | 4 | 5 |
| 56 | 与父母对着干 | 1 | 2 | 3 | 4 | 5 | 67 | 估计压力的严重程度 | 1 | 2 | 3 | 4 | 5 |
| 57 | 故意调皮捣蛋 | 1 | 2 | 3 | 4 | 5 | 68 | 选择最适当的克服压力的方法 | 1 | 2 | 3 | 4 | 5 |
| 58 | 把现在的压力与以前的压力比较 | 1 | 2 | 3 | 4 | 5 | 69 | 客观地分析自己的优势 | 1 | 2 | 3 | 4 | 5 |
| 59 | 降低目标 | 1 | 2 | 3 | 4 | 5 | 70 | 只当什么都没有发生 | 1 | 2 | 3 | 4 | 5 |

# 附录二 论文

## 一次成功的仿写

**内容提要：**写作能力是语文素养的综合体现。在写作教学中，教师要充分发挥教材的示范作用，引导学生进行仿写。本文以舒婷的回忆性散文《在那颗星子下——记我的中学时代生活》为范文，通过带领学生分析该文的写作特色，指导学生结合自己的生活实际模仿范文完成写作练习，并对学生作文分层次进行了点评。本次仿写练习非常成功，提高了学生的写作热情和写作水平。

《语文课程标准》明确指出："写作是运用语言文字进行表达和交流的重要方式，是认识世界、认识自我、进行创造性表述的过程。写作能力是语文素养的综合体现。写作教学应贴近学生实际，让学生易于动笔，乐于表达，应引导学生关注现实，热爱生活，表达真情实感。"

在写作教学中，教师要充分发挥教材的示范作用，选取贴近学生生活的话题，让学生有话说，有情抒。

舒婷的回忆性散文《在那颗星子下——记我的中学时代生活》是一篇文质兼美的文章，它在写法上有很多值得学生借鉴的地方。

首先，在结构上，全文以倒叙为主，但并不像很多文章那样直入主题，而是在具体叙事之前安排了恰当的铺垫。文章第一段先以优美抒情的语句为读者创设了一个诗意的情境，第二段又用简练幽默的笔调勾勒了自己的性格，一个聪明、贪玩、调皮的孩子的形象跃然纸上，这些都为下文的叙事打下了良好的基础，文中还把这件事比喻成记忆中的小铃，新颖、独特，突出这件事给作者留下的印象之深。

其次，在叙事过程中，作者以她娴熟的笔墨展开叙述，一波三折，富于变化，主要表现在三个意外上：一是考试前夜看电影，第二天早晨临考却得了全班第一；二是讲评试卷时，先得到了老师的夸奖，紧跟着重考结果却只有 47 分；三是重考过后，成绩单上英语考试的成绩仍然是叫人不敢正视的"优"字。三个情节，看似"意外"，实在情理之中，使得文章曲折有致，引人入胜。

最后，在结尾处作者再次用优美抒情的语言点明主旨，做到首尾呼应，升华中心，全文的格调和意境一致，充满了诗情画意。

除此之外，全文在叙事中蕴含了浓浓的深情，看似平淡朴实的叙述，实是娓娓道来，精彩的比喻、幽默风趣的语言都是学生学习的内容。

这样一篇好的文章如果不让学生仿写确实可惜，因此安排了作文练习。在具体写作之前，教师要进行适时的指导，并结合该文介绍写好小事的方法：一是注意描写和烘托；二是首尾要呼应；三是感情要真挚；四是标题与文章的格调、意境要和谐一致。然后提出本次作文的要求，学生再开始写作。大部分学生都在规定的时间内完成了作文，经过批改，确实发现了不少好文章，一篇篇内容真实丰富，语言流畅而又略显稚嫩的散文呈现在教师面前，既让教师了解了学生过去的生活，又让教师看到了他们丰富的内心世界，了解了他们的成长历程。

纵观学生的作文，可分成三个层次。

第一个层次：诉说真实经历，吐露自己的心声，内容较泛泛。这类学生大多以前的写作水平较低，一写作文只限于抄范文或只写二三百字，但这次作文因为内容接近学生的生活，又有可仿写的范本，学生都能洋洋洒洒写够六百字，这对学生自身来讲较以前有很大的进步，对这样的学生要以鼓励为主。

第二个层次：内容真实具体，语言流畅，较生动，中心明确，全文格调、意境一致。例如，一个学生作文的标题为《落日——记父亲的三巴掌》。作文开始，她先描绘景色："又是一个落叶的季节，一条笔直的柏油马路上铺满了被风捋下的叶子，一辆车驶过，叶子被风带起，这里载满了我的回忆。"然后小作者用简练的语句勾勒自己的性格，接下来叙述自己寒假为家人洗衣服的事情，因为不小心将妈妈的手机洗坏了，知道父亲脾气不好，想告诉又不敢告诉，这种矛盾的心理在文中刻画得较细致，后经过激烈的斗争将真实情况告诉了父亲，因此遭到了父亲的三巴掌。最难能可贵的是，这个孩子虽忍受了巨大的委屈，但她能认识到这是父亲表达父爱的一种特殊方式，她在文中写道："我觉得爸爸在用这种特殊的爱的方式教育我要学会珍惜，做事要细心。"这些话语触动人的心灵，一个多么懂事的孩子啊。结尾她又写道："还是那条笔直的柏油马路，金灿灿的叶子铺满了整条路，车辆划过，叶子如蝴蝶般翩翩起舞，跳得那么美，我情不自禁地深深爱上了它们，想同它们一起跳舞，但那是怎样一个妄想啊！我不忍心去打扰这种美。让它一直跳……一直跳……"文章不仅具有散文的韵味，而且全文格调浑然一体。还有一个学生作文的标题是《那一次让我懂得了坚强》，文章开头是这样写的："母校的门口是一条笔直的柏油马路，路的两旁是枝繁叶茂的杨柳树，柳叶正伸展着，花儿正仰着头，我的小学时代就是在这淋漓尽致的油画中度过的。"接下来具体叙述自己因皮肤黑而遭同学冷嘲热讽，受到孤立，将同学的毽子踢飞的一件事，字里行间透露出她的委屈、无奈、倔强，她的自尊心受到了严重的伤害，但随着年龄的增长，她的心胸变得宽广起来，她不再自卑，变得更加坚强，结尾她这样写道："我要展开翅膀，拥抱蓝天白云，拥抱属于我自己的土地。因为阳光依旧那么明媚，花儿依然那么鲜艳，那条柏油马路依然那么笔直。"

后来这个孩子在读作文时哭了，她的文章也打动了所有的学生。因此，我抓住时机教育学生，尊重是相互的，尊重别人就是尊重自己。这个学生经过这样的一段心理历程，变得更加成熟了。

第三个层次：内容具体生动，叙事曲折跌宕，写作素材源于生活，又高于生活。例如，一个学生在文章开始用简练的语句反映课间的生活情景，文中提到学生经常谈论的“网吧”话题，由此展开对往事的回忆。从他的叙述中读者可以感受到主人公是一个不遵守纪律，经常迟到，不珍惜时间的学生，他把自己赶时间的样子形容成像踩上风火轮的哪吒，正在他赶往教室时，不巧遇到了急匆匆的班主任老师，他开始得意，心想，原来老师也会迟到，这下不用挨批了。在班上，老师并没有批评他，只是在他身边走动的次数多了一些，后来老师把他叫到办公室，同他一起讨论时间的问题。假设一个人的寿命为八十岁，减去吃饭、睡觉、休息、去网吧的时间，真正用于学习、工作的时间很少，这让他明白了时间的宝贵。最后老师送给了他一本《时间的计算》的书，让他真正体会到时间的重要性。文章的结尾他是这样写的：“上课铃声又响起，时光在飘移，我已不再虚度。”这样的结尾给读者留下了想象的空间。

以上是笔者指导学生进行仿写的一次成功经历。语文教师在实际教学中若能充分发挥文本的典范作用，鼓励学生写真人真事，抒写自己的真情实感，认真仿写，将会收到事半功倍的教学效果，大大提高学生的写作水平。

# 附录三 论文

## 建设开放而有活力的语文课堂

**内容提要：**随着社会的进步，科技的发展，教育改革的不断深入，一种民主的、新型的师生关系逐步确立，教学过程也重新定位。这就需要教育工作者在实际教学中改变以往的教学模式，采用新的教学方法，建设开放而有活力的语文课堂，以课堂教学为主阵地，培养新世纪创造型人才。作者根据自己的教学实践，从“营造氛围，情感熏陶”“培养学生良好的语文学习习惯，提高学生的语文素养”“将语文实践纳入语文课堂”几方面阐述了教学中的一些做法，理论联系实际，有较高的实践价值。

新课程强调，教学是教与学的交往、互动。师生双方相互交流、相互沟通、相互启发、相互补充。在这个过程中，教师与学生分享彼此的思考、经验和知识，交流彼此的情感、体验与观念，丰富教学内容，求得新的发现，从而达到共识、共享、共进，实现教学相长和共同发展。

基于此，教育工作者在实际教学中要改变以往的教学模式，采用新的教学方法，营造互动、活跃的教学氛围，让学生成为学习的主人，让学生快乐地学习、快乐地成长。同时将现实生活引入课堂，注重学生的情感体验，让语文课堂丰富多彩、充满活力。现从以下几个方面浅谈笔者在语文课程改革方面的做法。

### 一、营造氛围，情感熏陶

教无定法，不同的文体应采用不同的教学方法。诗歌这种文学体裁因语言凝练、意境深远、易于记诵而深受学生喜爱，教学时可以以读代讲，利用视频、动画、范读、音乐等媒体手段营造氛围，使学生受到情感的熏陶，将学生引入诗情画意中。

例如，《秋天》是现代诗人何其芳的代表作品，诗中那一组组生动的画面组成了一幅绚丽多彩的乡村秋景图，那优美的意境、鲜明的形象，让读者身临其境。

开始讲课前，我先由秋天的画面导入正课，让学生沉浸在秋天的氛围中，然后播放范读录音，让学生初步感知课文内容，在整体感知的基础上，让学生进行朗读比赛、互评互议、划出节奏，然后以克莱德曼的《秋日的私语》为背景音乐齐读。这样做的目的是为学生学习课文内容创设一种意境，为学生进一步学习做铺垫，调动和开拓学生的思维，真正做到“以美引善、以美怡情、以美启智、以美导真”。在此基础上，再对各节内容进行分析。

第一幅画面，抓住“山谷伐木”“篱间背瓜果”两个场景及“肥硕”“饱食”“栖息”等关键词让学生归纳“农家丰收图”的名称。

第二幅画面，作者通过“雾”“霜”等关键词展现了秋天的宁静、悠远，烘托出朦胧的诗意，为读者描绘出一幅“霜晨归渔图”。本节内容让学生结合书上的画面进行解说，加强对诗歌内容的理解。

第三幅画面则通过对秋天特有的草野、蟋蟀、溪水等景致的描写，由景入情，由景写人，写出少女心中微颤的喜悦与梦想。这一节让学生通过绘画的形式进行学习，将绘画、吟诗相结合。这样既使学生对诗意的理解上升到一定的高度，又让学生从中受到美的熏陶。

英国作家王尔德曾说过：“作者完成了书的一半，读者完成了另一半。”优美的作品是作者真挚情感的外化。在整个教学过程中，我始终以读贯穿教学的始终，“情动于中而形于言”，使学生整节课都沉浸在诗的优美意境中。

## 二、培养学生良好的语文学习习惯，提高学生的语文素养

语文学习的内容很宽泛，作为语文教师应该树立“大语文”的教育观，博学广记，将语文课堂延伸到课下，延伸到现实生活中，帮助学生养成勤积累的好习惯，使学生终身收益。

孔子说过：知之者莫如好之者，好之者莫如乐之者。教学过程应该成为学生的一种愉悦的情绪方法和积极的情感体验。“学生的大脑不是一个需要填充的机器，而是一支等待被点燃的火把。”

因此，笔者在教学中要求每个学生准备一个作品集，每星期在自己的集子中写上自己的作文、摘抄的佳作、诗词赏析、读后感、名人名言等内容，定期交流。有些学生比较喜欢绘画、贴纸，也可以在作品集上画自己喜欢的画，贴自己喜欢的图案。一个学期下来，学生们的作品集就像一本本图文并茂的画报，内容丰富、画面精美。学生自己都爱不释手，乐此不疲。这样做既为学生积累了素材，又给学生展示才华提供了一个空间，小小的作品集成了学生心灵的驿站，既提高了学生学习语文的兴趣，又使学生养成了积累的好习惯，从而提高了学生的语文素养，为学生自主学习提供了一个小天地。与此同时，笔者还在板报上开辟出“知识竞赛”专栏，由学生自己开展丰富多彩的知识竞赛活动，开拓视野、增长知识、提高能力。

## 三、将语文实践纳入语文课堂

《语文课程标准》明确规定："全面提高学生的语文素养""大力倡导自主、合作、探究的学习方式""重视语文课程的综合性，突出跨领域的综合性学习。"

新课标《语文实践》也明确提出：实践活动是人发展的根本条件。人的活动越广泛、越深刻，人的发展就越全面、越充分。将语文实践纳入课堂教学，切实创设广阔的语文环境，改变封闭、单一、趋同的传统教学模式，实行开放式教学，不断汲取时代的活水，让同学们在课内外的各种语文实践中丰富语文知识，培养多种能力，激发创造精神。这是搞"活"语文教学的基本途径，也是培养新世纪创造型人才所必需的。

"语文实践课的培养目标侧重于学生的参与意识、实践意识、竞争意识和观察、思考、动手、创造等能力的培养。"因此，开展丰富多彩的语文实践活动，有助于提高学生的综合能力。另外，语文实践活动要紧密结合学生的现实生活。它来源于生活，又高于生活，这样才能体现活动的价值。

当代学生大多数都是独生子女，他们生活优越，往往以自我为中心。他们往往只想索取，而不想回报，对家人缺乏亲情意识，对家庭甚至自己都缺乏责任感。因此，教师组织了一次"我爱我家"的语文实践活动，目的是唤起学生内心的亲情和责任意识，让他们爱班、爱家、爱校、爱国。

教师事先做了大量的准备工作，让学生搜集家中的老照片，听家人讲述过去的故事，结合亲身经历排练小品《家中的故事》，完成作文《我心中的学校》，将为爸妈写的祝福语写在桃心形的亲情卡上。教师将活动内容制作成课件，充分利用多媒体技术，做到音、画结合，用三段 Flash 动画贯穿始终，让学生爱看、爱听、乐学，调动起学生"鉴山则情满于山，观海则意溢于海"的审美情感体验，并邀请家长参与。

课上，教师先播放《吉祥三宝》的 Flash 动画，创设情境，触发学生的情绪，营造一种轻松、和谐、美好的氛围，让学生体会家庭的温馨，然后导入本课的主题。

接着请学生结合自己的亲身经历说出对"家"的理解和认识。学生纷纷举手发言，有说一家人吃饭的、有说赏雪的、有说看电视的、有说一起外出旅游的，从中可体会到学生对家的热爱。

在此基础上，转入小品环节，如实反映家中的生活。针对如何看待"父母的唠叨"，学生和家长畅所欲言。此时，播放《懂你》的 Flash 动画，画面及音乐触及学生的心灵。教师以激情的语言小结这一环节的内容："母爱是一句温馨的话语，母爱是一个关切的眼神，母爱是一条清澈的小溪；父爱是一双宽厚的臂膀，父爱是一座挺拔的高山，父爱更是一盏指路的明灯。让我们用心去爱我们的亲人，家人之间多一些沟通和理解，多一些付出和宽容，多一些赏识和赞美，多一份纯真和责任，我们的家会更加和谐幸福。”至此，活动的第一个高潮来到，于是我安排了亲情书活动，采用接龙的形式，让学生把写有对父母的祝愿的亲情卡高高举起并表述出来。有些家长在场，学生就亲自送到家长手中。其中一位母亲和自己的女儿紧紧拥抱在一起，并留下了感动的热泪，那场面着实感人。

接下来，教师又进一步拓展，提出“家”有多大的问题，将学生的思维由自己的小家转到班级、学校、社会，并请学生朗诵《心中的中北中学》，使学生的认识进一步升华。之后，教师请学生说出各自的优缺点，家长也积极参与进来，当场测试自己和孩子的默契程度。活动出现了第二个高潮。此时，教师趁热打铁，安排了如何扬长避短，为“家”做贡献的环节。学生们踊跃发言，道出了自己的心声。教师则在学生发言的基础上归纳，将学生爱家的情感上升到责任的高度，唤起学生内心的责任意识。

最后，以配乐诗朗诵《写给家的诗》将活动推向第三个高潮。听着学生满怀深情的朗诵，欣赏着 Flash《让爱住我家》的画面，学生沉浸在家的温馨境界中，情感激荡、灵魂飞扬。教师以诗的语言结束此课：“每个人爱它，家就有光彩；每个人付出，家就不孤独；每个人珍惜，家就有甜蜜；每个人宽恕，家就有幸福；每个人都尽责，家会更美好。让爱天天住你家，让爱天天住我家，不分日夜秋冬春夏，全心全意爱我们的家。”

“感人心者，莫先乎情”，只有真情最容易打动学生稚嫩而又单纯的心灵。通过这节课，提高了学生的思想素质，增强了学生的责任意识，锻炼了学生的表达能力、写作能力、表演能力，加上视频的精彩画面，使学生在美的意境中产生情感共鸣，提高了学生的审美情趣，从而使学生受到一次情感的洗礼，收到了很好的教育效果。

教育家第斯多惠认为：教学的艺术不只在于传授，还在于激励、唤醒、鼓舞。美国心理学家布鲁纳说：“人的灵魂深处都有一个根深蒂固的需要，那就是希望感到自己是一个发现者、研究者和探索者。”因此，学生的学习过程不仅仅是接受知识的过程，而且是发现问题、分析问题、解决问题的过程。这个过程一方面是暴露学生的各种疑问、困难、障碍和矛盾的过程；另一方面是展示学生的聪明才智、独立个性与创新成果的过程。

作为当代语文教师，要充分发挥课堂这一主阵地的作用，采取灵活多样的教学方式，建设开放而有活力的课堂，培养合格的现代社会新型人才。

# 附录四 论文

## 为学生构建精神家园
## ——班级文化建设的研究与实践

**内容提要**：宇宙中，有一个世界，叫心灵的世界；人生中，有一种成长，叫精神的成长；生活中，有一种财富，叫精神的财富。精神世界充实的人，才是最富有的人。一个人的成长中缺少了精神文化，那他的精神世界就会杂草丛生。对教育工作者来讲，要点燃学生心中的明灯，关注学生心灵的成长，重视对学生思想道德的培养，使他们成为全面发展而又身心健康的人。作为班主任，要以班级文化建设为主阵地，努力为学生构建精神家园，引领学生成为精神上的富翁，为学生终生幸福打下基础。本文从“巧用班报，开展班级文化建设”“让学生学习、生活在开满鲜花的环境中”“将爱生情感融于班级健康情感的建设中”“利用主题班会教育感化学生”几个方面阐述了自己在班级文化建设中的具体做法及收到的良好的教育效果，理论联系实际，实践性强，对当代的教育工作有很大的指导意义。

班级文化教育是学校德育教育的重要组成部分，它通过各种各样的形式潜移默化地影响着学生的行为，使学生的品格行为朝着健康的方向发展。良好的班级文化氛围具有催人奋发向上、积极进取、开拓创新的教育力量，它可以促使学生在一种无形的巨大的精神力量的推动下，在乐观向上、温馨和谐的氛围中受到激励、鞭策，从而健康成长。现具体从以下几个方面谈谈教师在开展班级文化建设中的尝试。

### 一、巧用班报，开展班级文化建设

第一方面：制定明确可行的班级制度。

包括班规（教师把它编成口诀，易懂易记）、班训、班徽、班级目标，通过班级制度文化来约束学生的行为，使之成为学生自觉遵守的行为准则及衡量学生品格行为的内在尺度和标准，使全体学生朝着符合班级目标，符合班级群体利益的方向发展。

第二方面：指导学生制作班级周报。

班级周报能及时反映班中的情况，通过这一活动，既可以提高学生的写作能力、编辑能力，又能激发学生关心集体的热情，从而使学生反省自己的行为，改正缺点，扬长避短，使班集体向良好的方向发展，有利于班集体的建设。

具体操作时，由班级宣传部将任务委派给具体的人，版面内容有一项是不变的，那就是对上一周班中情况的总结，长处是什么，还存在哪些不足，其他内容由学生自己安排。这样坚持一段时间后，学生的班报越来越规范，越来越完善，内容也越来越丰富。如第一期班报起初版面没有报头，没有编者，没有名称，后来经教师指导，编者给自己的报纸起名为《彩虹报》，编者名为“晴空”。出班报的任务也由原来的委派制到现在的学生踊跃参加。课间学生可以浏览班报的内容，防微杜渐，提高了学生的主人翁意识，班报见证了学生和班级共同成长的历程。

第三方面：设立比拼台，培养学生自我管理的能力。

为了挖掘学生的潜力，做到知人善任，人尽其才，力争达到学生自我管理的最高境界，我在班中采取了分级管理的模式。在班长的带领下，下设学习部、纪律部、组织部、宣传部、体育部、监督部几个部门，每个部门由部长和组员组成，学生可以自由组合。各个部门制定出自己的奖惩标准，并根据七年级学生的身心特点，选用不同的图案来界定奖惩，在后墙报上画出来，学生一目了然，一星期一总结，满五次奖励的可以换一枚粘贴，贴到周记本上，既记载了荣誉，又起到了装饰的作用。时间一长，学生的一些不良习惯得以纠正，学生对集体的责任感和荣誉感逐步增强，学生的自主管理能力也有很大的提高。久而久之，教育者对被教育者所提出的要求就会变成被教育者自发的行为，变他律为自律。

第四方面：制作学科手抄报。

学生的大脑是有待开发的机器，需要教师去激活它。因此，在实践中应结合课程内容加强各学科知识之间的渗透性、相通性，以体现学科之间知识的交叉性、多元性特点，开拓学生的视野，提高学生的文化和道德素养。

例如，七年级历史教材中有宋元文化这部分内容，学生也较喜欢宋词，根据这一学情，课前教师让学生先搜集宋代代表词人的生平资料及著名的诗词，然后制成手抄报，并在手抄报上绘出相应的图画，图文并茂，课上交流，课下展示，许多同学都归纳出李清照的《声声慢》《醉花阴》，苏轼的《念奴娇 赤壁怀古》《水调歌头 明月几时有》，辛弃疾的《破阵子》《西江月》等，这些为学生的课间学习提供了很好的空间。在此基础上，语文教师又将知识加以扩展，为学生介绍诗词中婉约派和豪放派的知识，让学生继续搜集名家名篇并背诵下来，于是学生的视野更开阔了，像李白的《将进酒》《行路难》，岳飞的《满江红》，李煜的《相见欢》《虞美人》，柳永的《雨霖铃》，毛泽东的《沁园春 雪》《水调歌头 游泳》等，学生都能背诵出来。教师又结合“成长的烦恼”这一语文实践活动，为学生灵活运用知识搭建平台。其中安排了两个环节：说出你积累的有关烦恼愁绪的诗句；说出你积累的摆脱烦恼的豪放诗句。学生自然就轻松、准确地把所背的内容恰当运用。另外，结合所学课文《邓稼先》，让学生搜集“两弹一星”科学家的故事，制成“星光闪耀”手抄报，提升了学生的思想境界，让学生重新为自己定位，从小树立起为国家之富强而读书的崇高理想和远大抱负。

第五方面：积累励志名言，摘抄优美诗句，关注国家大事。

为让学生用零散的课余时间学习，养成良好的学习习惯，教师努力为学生营造良好的学习环境，把全班同学都调动起来，每两人为一组制作学习日报，内容包括名人名言、优美诗句、今日要闻等，具体做法是每一期由两个学生合作，共同完成出报任务，其他学生可以在这两天的时间里将报纸的内容记载在自己的周记本上，两天一更换内容。时间一长，学生从所积累的名言中汲取了丰富的精神食粮，从优美的诗句中感受到了汉语言文化的巨大魅力。从今日要闻中学生了解了四川大地震的情况，踊跃捐款，他们以全校最高的款额奉献出自己的爱心。“风声雨声读书声声声入耳，家事国事天下事事事关心”，这样既积累了知识，又陶冶了情操，起到了潜移默化、润物无声的教育效果。

心理学家皮亚杰认为：“人对客体的认识是从人对客体的活动开始的，活动在人的智慧、思维、认识的发展过程中起着关键作用。”苏霍姆林斯基认为：“把教育的意图隐藏起来，是教育艺术十分重要的因素之一。”因此，在班级文化建设中，充分发挥班报的作用，会收到事半功倍的教育效果。

## 二、让学生学习、生活在开满鲜花的环境中

班主任是班级的经营者，班级经营在于设计良好的学习情境，营造适宜的班级气氛与教学环境，良好的班级氛围是学生健康成长的有力保证。

3月的一天下午，一位学生家长租车送来了20盆鲜花，并表明送花的目的是让孩子们感受春天的气息。当时师生都很感动，因此，我马上召开了一次以“花样环境 花样年华 花样心灵”为主题的班会，号召学生保护环境，热爱集体，感受家长对我们的爱护、希冀。同时，为了培养学生的责任意识，提高学生的动手实践能力，陶冶其情操，提高其审美情趣，我开展了让每个学生认养一盆花的活动，并在花盆上贴上标签，学生们积极参与。事后，我又留一篇作文《“花”的感想》。经过这次活动，教室的卫生环境越来越好，20盆花迎着朝阳绽放，学生们的脸上也都洋溢着幸福快乐的笑容。经过学生的一致推荐，我们选出了“花长”，“花长”很喜欢小动物，平时对花的观察也很细致，并主动为花浇水，哪些花长蚜虫了，他都一清二楚，这样的学生“花长”非他莫属。学校举办插花比赛，赛后作品摆放在窗台上，让学生欣赏自

己美的杰作。另有一位同学主动从家搬来四盆鲜花，美化环境。这些花属于草花，两个月后，花期到了，有些花逐渐凋谢。一次家长会后，一位细心的家长发现了这一点，主动端来了金边虎皮兰这样的常绿植物，一来可以净化空气，二来也想告诉学生要学习植物身上所具备的坚韧顽强的精神。这以后，又陆续有学生端来鲜花装扮教室，红绿相间，花开不断，花香袭人，营造了一种四季如春的环境氛围。后来我们又结合学校的“花香的孩子爱养花”活动，种植了盆栽西红柿，从播种到现在开花结果，其间浸润了师生共同的劳动、希冀与喜悦，而且我们的收获在全校是最大的。

为学生营造优美的学习环境，不仅可以给学生以赏心悦目的美感，还可以使学生有家的归属感、亲切感。苏霍姆林斯基说：“美是使道德纯洁、精神丰富和体格健全的有力源泉。”因此，美的教育力量是巨大的。

## 三、将爱生情感融于班级健康情感的建设中

爱生的情感是无私的，是神圣的，心理学研究表明，人的需要决定了某种特定行为发生的可能性，而人的行为与刺激相符合。可以设想如果一个人从来就没有被爱的经历，则无法体验爱，更不可能去爱别人，爱社会。我们的教育就是要让学生感觉每一天都是幸福的，每一天都有进步，每一天都有新的渴求。

学生生病，班主任会打电话慰问；学生在学习中遇到困难，班主任会及时予以帮助；学生与家长产生矛盾，班主任会及时疏通。班主任的一言一行，一颦一笑，都会深深印在学生心中，对学生的教育贯穿于学生生活的点点滴滴中。同时，尊重信任学生，教会他们关心他人，而关心他人必须从关心父母开始。例如：3 月 8 日，我给学生留了家庭作业，为妈妈递上一杯水，送上一束花，帮助妈妈做一些家务；母亲节到了，为妈妈送上衷心的祝福等。经过班主任的系列教育，学生变得注重情感，重视亲情；变得不再自私，而是懂得礼让、宽容。班主任的付出换来了学生的成长，这里我要说两件感动事情。一是班里选团员和三好学生时，因为名额限制，学生之间互相谦让，都能谦虚地说出自己的不足，而对别人当选表示祝贺；二是班中有两个学生搬家到上辛口住，离学校较远，有些老师劝学生转学，可是两个学生都表示离不开这里的老师同学，这是对老师工作的认可。其中一个外地的孩子骑电动车带着弟弟来上学，无论刮风下雨，从来没有迟到过，她在《路上》这篇作文中，就曾提到姐弟俩冬天上学路上的艰辛及周围人的评论：这姐弟俩真不易。但是她却习以为常，这着实让人感动，老师的真诚付出换来了班中学生的互助互爱、谦让宽容、珍爱亲情，在良好的班级文化氛围

中培养了学生积极健康的道德情感。

## 四、利用主题班会教育感化学生

当代学生大多数都是独生子女，对家人缺乏亲情意识，对家庭甚至自己都缺乏责任感。因此，我组织了一次“我爱我家”的主题班会活动，目的是唤起学生内心的亲情和责任意识，让他们爱班、爱家、爱校、爱国。

课前，我让学生搜集有关素材，自己则将活动内容制作成课件，充分利用多媒体技术，做到音、画结合，调动起学生“鉴山则情满于山，观海则意溢于海”的审美情感体验，并邀请家长参与。

课上，我创设情境，营造一种轻松、和谐、美好的氛围，利用讲故事、演小品、亲情书、诗朗诵等方式将班会推向一个又一个高潮。通过这节主题班会，提高了学生的思想素质，增强了学生的责任意识，锻炼了学生的表达能力、参与能力，加上视频的精彩画面，使学生在美的意境中产生情感共鸣，提高了学生的审美情趣，从而使学生受到一次情感的洗礼，收到了很好的教育效果。

让教室的每一面墙都说话，教室两侧墙上的《中小学生守则》《中学生日常行为规范》异常醒目；前、后墙报内容丰富，布局美观，学生亲手制作的知识手抄报、班级日报、班级比拼台、学科手抄报、学习日报等内容为学生课间学习提供了大量的素材；花开不断的学习环境；班主任激励的话语，充满爱的关怀。所有这些为班级营造了良好的人文环境，学生在这样温馨且文化氛围极其浓厚的环境中自然地受到熏陶、暗示和感染，这对营造和谐的心理环境有积极的促进作用。它不仅使学生身心松弛、安宁和愉悦，还能起到积累知识、净化心灵、陶冶情操、升华道德、激励向上的作用，从而促进了和谐的班级文化建设。

# 附录五 论文

## 初中生学业压力应对方式的调查研究

**内容提要：**学生重要的生活事件是学习，完成学业是学生的本质任务，伴随学业而产生的内心体验——学业压力困扰着一些学生。学业压力逐渐成为中学生最主要的压力，严重影响中学生的心理健康。

本研究采用问卷调查法，以城乡接合部一所普通初中的337名学生为对象，探索了该区域初中生学业压力应对的总体特点及在人口学变量上的差异；就初中生学习成绩和学业压力应对之间的关系进行了相关和回归分析，结果如下。

（1）面对学业压力，采用被动应对策略和自我调节策略的学生人数最少；采用维持性应对策略的人数最多，采用自我克制和预先应对策略的人数居中。

（2）对三种学业压力应对策略的方差分析表明，两两比较差异显著，维持性应对策略大于主动性应对策略，主动性应对策略大于被动性应对策略。

（3）初中生学业压力应对策略在人口学变量上的差异：从性别的角度看，男女生存在一定的差异，在被动等待上，男生的得分高于女生；在宣泄上，女生的得分高于男生；在解决问题上，女生的得分高于男生。

从生源地的角度看，三个维度差异不大，而在被动应对策略维度差异显著；在维持性应对策略维度的自我克制方面，外地生的得分高于本地生。

在学校变量的年级方面，各个应对策略差异不大。在家庭变量的家庭教养方式（民主、非民主）方面，只有一项有差异：主动求助方面，民主大于非民主，其他没有差异。

（4）学业压力应对策略与学习成绩的相关分析表明：主动应对策略和维持性应对策略与成绩正相关，被动应对策略与成绩负相关。

（5）学业压力应对策略与学习成绩的回归分析表明：被动等待、退缩对学习成绩为负向预测；主动求助和认知重建对成绩也有负向预测作用；解决问题、幻想、预先应对、比较策略对成绩有正向预测作用。

**关键词：**初中生 学业压力应对 策略研究

## 一、问题的提出

学生重要的生活事件是学习，完成学业是学生的本质任务，伴随学业而产生的内心体验——学业压力困扰着一些学生。学业压力逐渐成为中学生最主要的压力，严重影响中学生的心理健康。

一般来讲，适度的学业压力有助于激起学生的学习兴趣，提高学生的学习主动性和学习效率。相反，过度的学业压力则可能导致学生学习效率降低，学业适应不良 ，引发较严重的心理问题，直接影响学生的学习和生活质量。中学生，尤其是初中生，正处于成长的关键时期，培养学生积极健全的心理是学校教育的重要任务。以“学业压力应对”为核心开展研究，可以了解学生在“学业”方面对自身的看法，而“学业”正是学生的学校生活中最重要和最具体的层面。

基于以上考虑，本文尝试对初中生学业压力应对策略进行探索，希望为中学的教育教学实践提供理论指导，丰富学业压力研究领域的内容。

## 二、学业压力应对策略的内涵

学业压力应对方式是学生在面临学业压力时所采用的认知和行为方式。学业压力应对策略共包含主动应对、被动应对、维持性应对三个策略，其中主动应对策略包含解决问题、主动求助、比较策略、认知重建四个方面；被动应对策略包含退缩、宣泄、幻想、被动等待、忽视五个方面；维持性应对策略包含自我调节、自我克制、代偿、预先应对四个方面。

## 三、研究的实施

### （一）研究目的

本研究选取天津市一所普通初中的学生作为研究对象，探讨初中生学业压力应对策略的特点，初中生学业压力应对策略与学业成绩之间的关系。以心理学的视角研究教育管理问题，帮助学生正确对待学业压力，为教育教学实践提供新的工作思路和一定的决策依据。

### （二）研究的主要内容

（1）初中生学业压力应对策略的特点及在人口学变量上的差异。

（2）初中生学业压力应对策略与学业成绩之间的关系。

### （三）研究对象

为了全面了解、分析初中生学业压力应对策略的特点及其与学习成绩的关系，保证调查结果的代表性和普遍性，本研究以地处城乡接合部的天津市中北中学七、八、九年级的学生为研究对象，每个年级任意选取三个平行班，同时兼顾男女生比例。笔者在三个年级共发放调查问卷 360 份，收回 358 份，剔除无效问卷 21 份，有效问卷 337 份，有效率为 93.3%（具体情况附后）。学习成绩以近期的阶段性大考成绩为参照标准。从人口学特征变量的分布情况来看，调查的学生中男生 172 名，占总人数的 51.0%，女生 165 名，占总人数的 49.0%，男女生比例相当；从生源地来看，本地生 186 名，占总人数的 55.2%，外地生 151 名，占总人数的 44.8%；从年级来看，七年级学生 117 名，占总人数的 34.7%，八年级学生 126 名，占总人数的 37.4%，九年级学生 94 名，占总人数的 27.9%，具体情况详见表 1。

表 1　调查对象情况统计表

| 分类 | | 人数（名） | 比重（%） |
|---|---|---|---|
| 性别 | 女 | 165 | 49.0 |
| | 男 | 172 | 51.0 |
| | 合计 | 337 | 100.0 |
| 生源地 | 本地 | 186 | 55.2 |
| | 外地 | 151 | 44.8 |
| | 合计 | 337 | 100.0 |
| 年级 | 七年级 | 117 | 34.7 |
| | 八年级 | 126 | 37.4 |
| | 九年级 | 94 | 27.9 |
| | 合计 | 337 | 100.0 |

### （四）研究工具

本研究采用了陈旭编制的学业压力应对策略量表，采用 5 点计分方式，共有 70 个题目，内容主要包括维持性应对、主动应对、被动应对 3 个分量表共 13 种应对策略。该量表各分量表的内部一致性系数为 0.0457~0.883，重测信度系数为 0.0493~0.0925；整个问卷的内部一致性系数为 0.845，重测信度为 0.0932，结构效度为 0.0618~0.880，问卷有良好的信度和效度。

### （五）学生学习成绩的获得

我们从学校教务处查阅参与测试的初中生近期的阶段性大考成绩，以此为参照标准，其中七年级包括语文、数学、外语、历史、地理、生物和政治七科，八年级除七年级的七科外，还包括物理，九年级包括语文、数学、外语、物理和化学五科。每个人按语、数、外三科满分各 120、其他科满分各 100 进行平均计算，以每个人的各科平均分作为学习成绩。

### （六）统计方法

调查问卷所得数据采用 SPSS 17.0 统计软件处理。

## 四、调查结果与分析

### （一）初中生学业压力应对策略基本情况分析

表 2 学业压力应对策略基本情况表

| 内容 | *N* | *M* | *SD* |
|---|---|---|---|
| 主动应对策略 | 315 | 2.576 9 | 0.711 65 |
| 解决问题 | 330 | 2.924 2 | 0.950 42 |
| 主动求助 | 332 | 2.146 8 | 0.928 57 |
| 比较策略 | 325 | 2.341 5 | 0.876 95 |
| 认知重建 | 329 | 2.888 0 | 0.970 63 |
| 被动应对策略 | 322 | 2.433 2 | 0.589 91 |
| 退缩 | 329 | 2.122 5 | 0.739 55 |
| 宣泄 | 333 | 2.302 0 | 0.793 60 |
| 幻想 | 335 | 2.576 1 | 0.942 42 |
| 被动等待 | 332 | 2.459 0 | 0.895 71 |
| 忽视 | 333 | 2.725 7 | 0.859 34 |
| 维持性应对策略 | 331 | 2.953 9 | 0.745 68 |
| 自我调节 | 333 | 2.755 3 | 0.980 52 |

续表

| 内容 | N | M | SD |
|---|---|---|---|
| 自我克制 | 333 | 2.939 9 | 0.968 93 |
| 代偿 | 335 | 3.132 5 | 0.921 78 |
| 预先应对 | 335 | 2.968 2 | 1.005 13 |

从表 2 中可以看出：维持性应对策略得分为 2.959（平均分），最高，主动应对策略次之，被动应对策略得分最低，说明采用被动应对策略的学生人数最少；在维持性应对策略中，代偿得分为 3.132 5，最高，采用此策略的人数最多，自我调节得分为 2.755 3，最低，采用此策略的人数最少，自我克制和预先应对策略居中。

表 3　三种学业压力应对策略的方差分析表

| Source | SS | df | MS | F | Sig. | 两两比较 |
|---|---|---|---|---|---|---|
| 三种应对策略 | 43.372 | 2 | 21.686 | 70.741 | 0.000 | 维性持 > 主动 > 被动 |
| Error | 185.771 | 606 | 0.307 | — | — | |

从表 3 中可以看出：两两比较差异显著，维持性 > 主动 > 被动。

## （二）初中生学业压力应对策略在人口学变量上的差异

为了更好地了解初中生学业压力应对策略的特点，我们从人口学变量的角度出发，从性别、生源地、年级等方面对初中生学业压力应对策略的现状进行调查和分析。

### 1. 性别差异分析

表 4　三种应对策略及各维度的性别差异

| 分类 | 性别 | N | M | SD | t | df | Sig. |
|---|---|---|---|---|---|---|---|
| 退缩 | 男 | 167 | 2.157 5 | 0.698 57 | 0.871 | 327 | 0.384 |
| | 女 | 162 | 2.086 4 | 0.780 07 | | | |
| 解决问题 | 男 | 167 | 2.8156 | 1.002 89 | -2.114 | 328 | 0.035 |
| | 女 | 163 | 3.035 6 | 0.882 73 | | | |
| 主动求助 | 男 | 169 | 2.075 4 | 0.991 71 | -1.429 | 330 | 0.154 |
| | 女 | 163 | 2.220 9 | 0.854 99 | | | |

续表

| 分类 | 性别 | *N* | *M* | *SD* | *t* | *df* | *Sig.* |
|---|---|---|---|---|---|---|---|
| 自我调节 | 男 | 170 | 2.693 1 | 1.035 27 | −1.181 | 331 | 0.238 |
| | 女 | 163 | 2.820 0 | 0.918 67 | | | |
| 宣泄 | 男 | 169 | 2.194 4 | 0.794 40 | −2.532 | 331 | 0.012 |
| | 女 | 164 | 2.412 9 | 0.779 74 | | | |
| 比较策略 | 男 | 165 | 2.370 9 | 0.918 18 | 0.613 | 323 | 0.541 |
| | 女 | 160 | 2.311 3 | 0.834 10 | | | |
| 幻想 | 男 | 171 | 2.626 7 | 0.932 28 | 1.003 | 333 | 0.316 |
| | 女 | 164 | 2.523 4 | 0.952 86 | | | |
| 被动等待 | 男 | 169 | 2.609 5 | 0.907 33 | 3.158 | 330 | 0.002 |
| | 女 | 163 | 2.303 1 | 0.858 75 | | | |
| 自我克制 | 男 | 170 | 2.915 7 | 1.019 25 | −0.466 | 331 | 0.642 |
| | 女 | 163 | 2.965 2 | 0.915 96 | | | |
| 忽视 | 男 | 169 | 2.761 3 | 0.878 30 | 0.767 | 331 | 0.443 |
| | 女 | 164 | 2.689 0 | 0.840 47 | | | |
| 代偿 | 男 | 171 | 3.052 6 | 0.962 25 | −1.624 | 333 | 0.105 |
| | 女 | 164 | 3.215 9 | 0.872 76 | | | |
| 预先应对 | 男 | 171 | 2.947 4 | 1.083 67 | −0.386 | 333 | 0.700 |
| | 女 | 164 | 2.989 8 | 0.918 95 | | | |
| 认知重建 | 男 | 167 | 2.857 3 | 1.044 57 | −0.583 | 327 | 0.560 |
| | 女 | 162 | 2.919 8 | 0.890 14 | | | |
| 主动应对策略 | 男 | 159 | 2.538 8 | 0.779 09 | −0.959 | 313 | 0.338 |
| | 女 | 156 | 2.615 7 | 0.635 78 | | | |
| 被动应对策略 | 男 | 161 | 2.465 0 | 0.575 06 | 0.966 | 320 | 0.335 |
| | 女 | 161 | 2.401 4 | 0.604 50 | | | |
| 维持性应对策略 | 男 | 169 | 2.908 6 | 0.804 35 | −1.129 | 329 | 0.260 |
| | 女 | 162 | 3.001 2 | 0.678 38 | | | |

从表 4 中可以看出：男女生存在一定的差异，在被动等待上，男生的得分为 2.609 5，高

于女生的得分 2.303 1；在宣泄上，女生的得分高于男生；在解决问题上，女生的得分高于男生。

### 2. 生源地差异分析

表 5　三种应对策略及各维度的生源地差异

| 分类 | 生源地 | *N* | *M* | *SD* | *t* | *df* | *Sig.*（2-tailed） |
|---|---|---|---|---|---|---|---|
| 退缩 | 本地 | 181 | 2.241 4 | 0.794 28 | 3.274 | 327 | 0.001 |
| | 外地 | 148 | 1.977 0 | 0.639 63 | | | |
| 解决问题 | 本地 | 183 | 2.852 5 | 0.984 43 | −1.534 | 328 | 0.126 |
| | 外地 | 147 | 3.013 6 | 0.901 65 | | | |
| 主动求助 | 本地 | 182 | 2.186 8 | 0.964 20 | 0.864 | 330 | 0.388 |
| | 外地 | 150 | 2.098 3 | 0.884 19 | | | |
| 自我调节 | 本地 | 182 | 2.838 8 | 0.971 97 | 1.713 | 331 | 0.088 |
| | 外地 | 151 | 2.654 5 | 0.984 53 | | | |
| 宣泄 | 本地 | 183 | 2.469 2 | 0.806 68 | 4.359 | 331 | 0.000 |
| | 外地 | 150 | 2.098 1 | 0.729 58 | | | |
| 比较策略 | 本地 | 178 | 2.394 4 | 0.904 08 | 1.196 | 323 | 0.233 |
| | 外地 | 147 | 2.277 6 | 0.841 54 | | | |
| 幻想 | 本地 | 184 | 2.665 8 | 0.925 01 | 1.930 | 333 | 0.055 |
| | 外地 | 151 | 2.466 9 | 0.954 91 | | | |
| 被动等待 | 本地 | 182 | 2.584 6 | 0.900 70 | 2.844 | 330 | 0.005 |
| | 外地 | 150 | 2.306 7 | 0.868 44 | | | |
| 自我克制 | 本地 | 183 | 2.841 5 | 0.999 89 | −2.057 | 331 | 0.040 |
| | 外地 | 150 | 3.060 0 | 0.918 83 | | | |
| 忽视 | 本地 | 184 | 2.806 2 | 0.882 53 | 1.906 | 331 | 0.058 |
| | 外地 | 149 | 2.626 4 | 0.821 92 | | | |
| 代偿 | 本地 | 184 | 3.147 8 | 0.942 90 | 0.335 | 333 | 0.738 |
| | 外地 | 151 | 3.113 9 | 0.898 15 | | | |
| 预先应对 | 本地 | 184 | 2.969 2 | 1.051 04 | 0.021 | 333 | 0.983 |
| | 外地 | 151 | 2.966 9 | 0.949 66 | | | |
| 认知重建 | 本地 | 181 | 2.900 6 | 0.997 49 | 0.258 | 327 | 0.796 |
| | 外地 | 148 | 2.872 7 | 0.939 87 | | | |

续表

| 分类 | 生源地 | *N* | *M* | *SD* | *t* | *df* | *Sig.*（2-tailed） |
|---|---|---|---|---|---|---|---|
| 主动应对策略 | 本地 | 174 | 2.596 0 | 0.745 49 | 0.530 | 313 | 0.597 |
| | 外地 | 141 | 2.553 3 | 0.669 41 | | | |
| 被动应对策略 | 本地 | 178 | 2.553 2 | 0.607 74 | 4.161 | 320 | 0.000 |
| | 外地 | 144 | 2.284 8 | 0.532 81 | | | |
| 维持性应对策略 | 本地 | 181 | 2.954 3 | 0.768 05 | 0.011 | 329 | 0.991 |
| | 外地 | 150 | 2.953 4 | 0.720 32 | | | |

从表5中可以看出：在生源地方面，三个维度差异不大，而被动应对策略维度差异显著，本地生的得分高于外地生，在退缩、宣泄、幻想、被动等待、忽视几个方面，本地生得分均高于外地生；在维持性应对策略维度的自我克制方面，外地生得分高于本地生。

在学校变量的年级方面，各个应对策略差异不大。在家庭变量的家庭教养方式（民主、非民主）方面，只有一项有差异：主动求助方面，民主大于非民主，其他没有差异。

### （三）初中生学业压力应对策略与学习成绩的相关分析

表6　学业压力应对策略与学习成绩的相关分析

| 分类 | 退缩 | 解决问题 | 主动求助 | 自我调节 | 宣泄 | 比较策略 | 幻想 | 被动等待 | 自我克制 | 忽视 | 代偿 | 预先应对 | 认知重建 | 主动策略 | 被动策略 | 维持性策略 |
|---|---|---|---|---|---|---|---|---|---|---|---|---|---|---|---|---|
| *r* | –.019 2** | 0.432** | 0.028 | 0.122* | –0.117* | 0.174** | -0.039 | –0.293** | 0.155** | 0.000 | 0.285** | 0.246** | 0.133* | 0.236** | –0.186** | 0.272** |
| *Sig.* | 0.000 | 0.000 | 0.618 | 0.026 | 0.032 | 0.002 | 0.478 | 0.000 | 0.004 | 0.987 | 0.000 | 0.000 | 0.016 | 0.000 | 0.001 | 0.000 |
| *N* | 329 | 330 | 332 | 333 | 333 | 325 | 335 | 332 | 333 | 333 | 335 | 335 | 329 | 315 | 322 | 331 |

从表6中可以看出：主动应对策略和维持性应对策略与成绩正相关，被动应对策略与成绩负相关。

### （四）初中生学业自我概念与学习成绩的回归分析

表7　学业压力应对策略对学习成绩的回归分析（1）

| Model | *R* | $R^2$ | *Adjusted* $R^2$ | *SE* of the Estimate | Change Statistics | | | | |
|---|---|---|---|---|---|---|---|---|---|
| | | | | | $R^2$ Change | *F* Change | *df1* | *df2* | *Sig.* F Change |
| 1 | 0.433a | 0.188 | 0.185 | 0.895 941 34 | 0.188 | 69.697 | 1 | 302 | 0.000 |

续表

| Model | $R$ | $R^2$ | *Adjusted* $R^2$ | *SE* of the Estimate | Change Statistics | | | | |
|---|---|---|---|---|---|---|---|---|---|
| | | | | | $R^2$ Change | *F* Change | *df1* | *df2* | *Sig.* F Change |
| 2 | 0.479b | 0.229 | 0.224 | 0.873 970 83 | 0.042 | 16.375 | 1 | 301 | 0.000 |
| 3 | 0.495c | 0.245 | 0.238 | 0.866 258 47 | 0.016 | 6.384 | 1 | 300 | 0.012 |
| 4 | 0.511d | 0.261 | 0.251 | 0.858 828 86 | 0.015 | 6.213 | 1 | 299 | 0.013 |
| 5 | 0.527e | 0.278 | 0.266 | 0.850 367 91 | 0.017 | 6.980 | 1 | 298 | 0.009 |
| 6 | 0.538f | 0.289 | 0.275 | 0.845 052 44 | 0.011 | 4.761 | 1 | 297 | 0.030 |
| 7 | 0.546g | 0.299 | 0.282 | 0.840 855 61 | 0.009 | 3.972 | 1 | 296 | 0.047 |
| 8 | 0.555h | 0.308 | 0.289 | 0.836 801 06 | 0.009 | 3.875 | 1 | 295 | 0.050 |

a. Predictors: （Constant），解决问题。

b. Predictors: （Constant），解决问题，认知重建。

c. Predictors: （Constant），解决问题，认知重建，主动求助。

d. Predictors: （Constant），解决问题，认知重建，主动求助，被动等待。

e. Predictors: （Constant），解决问题，认知重建，主动求助，被动等待，幻想。

f. Predictors: （Constant），解决问题，认知重建，主动求助，被动等待，幻想，预先应对。

g. Predictors: （Constant），解决问题，认知重建，主动求助，被动等待，幻想，预先应对，退缩。

h. Predictors: （Constant），解决问题，认知重建，主动求助，被动等待，幻想，预先应对，退缩，比较策略。

i. Dependent Variable：Zscore（平均分）。

表 8 学业压力应对策略对学习成绩的回归分析（2）

| Model | 未标准化 | | 标准化 | *t* | *Sig.* | Collinearity Statistics | |
|---|---|---|---|---|---|---|---|
| | *B* | Std. Error | *Beta* | | | Tolerance | VIF |
| （Constant） | -0.402 | 0.291 | | -1.382 | 0.168 | | |
| 解决问题 | 0.504 | 0.078 | 0.483 | 6.437 | 0.000 | 0.417 | 2.400 |
| 认知重建 | -0.316 | 0.072 | -0.312 | -4.386 | 0.000 | 0.464 | 2.153 |
| 主动求助 | -0.176 | 0.059 | -0.162 | -2.968 | 0.003 | 0.784 | 1.276 |
| 被动等待 | -0.211 | 0.073 | -0.190 | -2.907 | 0.004 | 0.549 | 1.823 |

续表

| Model | 未标准化 | | 标准化 | *t* | *Sig.* | Collinearity Statistics | |
|---|---|---|---|---|---|---|---|
| | *B* | Std. Error | *Beta* | | | Tolerance | VIF |
| 幻想 | 0.183 | 0.069 | 0.175 | 2.674 | 0.008 | 0.548 | 1.823 |
| 预先应对 | 0.128 | 0.059 | 0.131 | 2.181 | 0.030 | 0.650 | 1.538 |
| 退缩 | −0.215 | 0.091 | −0.160 | −2.355 | 0.019 | 0.512 | 1.954 |
| 比较策略 | 0.143 | 0.072 | 0.127 | 1.969 | 0.050 | 0.565 | 1.770 |

a. Dependent Variable：Zscore（平均分）。

回归方程如下：

平均分 =0.483× 解决问题 − 0.312× 认知重建 − 0.162× 主动求助 − 0.190* 被动等待 +0.175× 幻想 +0.131× 预先应对 − 0.160× 退缩 +0.127× 比较策略

从表 7 和表 8 中可以看出：八个方面对中学生的联合率累加是 30.8%，其中解决问题解释率为 18.8%，预测率最高，其次是认知重建，解释率为 4.2%，预测率第二，第三是主动求助。

被动等待、退缩对学习成绩为负向预测，越等待，成绩越差。主动求助和认知重建对成绩也有负向预测作用，即即使主动求助和认知重建，也不一定能带来好成绩。

解决问题、幻想、预先应对、比较策略对成绩有正向预测作用，即这几方面做得越好，成绩就越好。

## 五、研究结论

（1）面对学业压力，采用被动应对策略和自我调节策略的学生人数最少；采用维持性应对策略的人数最多，采用自我克制和预先应对策略的人数居中。

（2）对三种学业压力应对策略的方差分析表明，两两比较差异显著，维持性应对策略大于主动性应对策略，主动性应对策略大于被动性应对策略。

（3）初中生学业压力应对策略在人口学变量上的差异：从性别的角度看，男女生存在一定的差异，在被动等待上，男生的得分大于女生；在宣泄上，女生的得分高于男生；在解决问题上，女生的得分高于男生。

从生源地的角度看，三个维度差异不大，而被动应对策略维度差异显著；在维持性应对策略维度的自我克制方面，外地生的得分高于本地生。

在学校变量的年级方面，各个应对策略差异不大。在家庭变量的家庭教养方式（民主、非民主）方面，只有一项有差异：主动求助方面，民主大于非民主，其他没有差异。

（4）学业压力应对策略与学习成绩的相关分析表明：主动应对策略和维持性应对策略与成绩正相关，被动应对策略与成绩负相关。

（5）学业压力应对策略与学习成绩的回归分析表明：被动等待、退缩对学习成绩为负向预测；主动求助和认知重建对成绩也有负向预测作用；解决问题、幻想、预先应对、比较策略对成绩有正向预测作用。

# 附录六 征文

## 岁月美好，幸福源于梦想与奋斗
## ——喜看身边变化 礼赞发展成就

一条河，奔流不息两千余年。它开凿于春秋时期，完成于隋朝，繁荣于唐宋，取直于元代，疏通于明清，是世界上开凿最早、里程最长、工程最大的古代人工运河。它为漕运而生，作为封建王朝的生命线，既承载着南来北往的船只，又孕育着沿岸的运河城市，形成了独特的运河文化。

“天下诸津，舟航所聚，旁通巴汉，前指闽越，七泽十薮，三江五湖，控引河洛，兼包淮海，弘舸巨舰，千轴万艘，交货往来，昧旦永日”记录了它的绚烂；“半天下之财富，悉由此路而进”见证了它的不凡。它就是素有南北交通大动脉之称的京杭大运河。

一座城，依河而生。自隋朝开掘以来，它的历史命运就与大运河之南运河段紧密相连。“地当九河津要，路通七省舟车”的位置；“一日粮船到直沽，吴罂越布满街衢”的繁盛；“通舟楫之利，聚天下之粟，致天下之货，以利京师”的重要作用；南方妈祖庙的传入；远近疏密、曲径通幽、镂空隔墙的“二分明月小扬州”建筑风格，无一不被深深地打上了运河的烙印——它就是中国历史文化名城——天津。

一个古老的村镇依河依城而建。南运河水深情抚育着西青区中北镇，忆往昔如白驹过隙，“闲云潭影日悠悠，物换星移几度秋？”时光人事随年改，不变的是那流年故事。

隶属于西青区中北镇的李家园村，是由不同姓氏的几大家族组成的村落。几百年来，这里的人们种田耕地，邻里守望，靠勤劳的双手建设自己的家园。

那时候人们住的都是土坯房，土地归大队集体所有，农民除了种地还可以拿到工分，到年终时分红。公路很窄，而且高低不平，公路两侧光秃秃的，路上几乎看不到汽车，人们的出行方式大多是步行，或乘坐马车，所以公路又叫马路，谁家要是有辆自行车那就算富裕的了。

人们若是生病了，很少有去医院看病的，大多都找村中“红医站”的大夫或民间老中医看病。我家住在村大队部附近，家门口有一个大戏台，村里有什么大型的活动都在这里举行。戏台的边缘用大石块砌成一圈，石块上刻的都是药方，据说药方的主人是清朝的宫廷御医，他在民间开了一个药房叫郝氏金丹，他去世后家人为他修建了一座坟墓，其形状像馒头，所以起名为馒头坟。坟墓用石块砌成，家人为了纪念他，将他生前使用的药方都刻在石块上，周围村的人都喜欢到这里来抄药方治病，后来石块就散落到民间了。

20世纪70年代初，国家经济处于计划经济阶段，物资匮乏，许多东西的供应都需要按人、按量、按本发放，买东西也需要用各种各样的票证，诸如粮票、布票等，人们生活所需基本都在计划之内。没有电视和汽车，甚至自行车在当时都是奢侈品，更别提孩子们的玩具了。

那时，人们最盼望的是过年。我依稀记得，每逢过年前夕，人们都拿着本到大队和供销社去领东西，按人定量发放物品，包括花生这类的食品也在供应范围内。虽然领到的东西不是很多，但每个人都很知足和高兴，因为那时人们对物质的需求不高，他们享受这种和谐、稳定而平淡的生活。

为了丰富人们的业余生活，乡里安排了专门的电影放映员，挨村为村民们放电影。每次到这一天，人们便早早地吃了晚饭，拿着小板凳到村里的空地上等着，欢声笑语响成一片。从电影里人们了解到了村外的世界，观影的乐趣也将人们一天的劳碌疲惫驱散。

值得自豪的是，我有一个能干好学而且多才多艺的父亲。他中专毕业，是当地公认的先生。他是民办英语老师，且手风琴拉得很棒，1997年香港回归时，他老人家的一首《赞歌》被镇电视台在全镇播放。记得我小的时候，每次回姥姥家，亲戚们总爱让我们表演节目。于是，父亲弹琴伴奏，那是一种按键式的琴，记不清叫什么了，我唱歌。每唱完一段，大家都会热烈鼓掌。除此之外，父亲还会一手漂亮的木工手艺活，我和二伯家云妹的小木椅以及家里的电视柜全出自父亲之手。虽然生活在那样一个艰苦的年代，但我的童年生活物质和精神都是富足的，那段幸福快乐的时光将永远珍藏在我的记忆里，因为那是我生命的初始阶段，它让我深深地留恋。

从20世纪70年代末开始，国家实施了改革开放政策，计划经济向市场经济转变，人民的生活条件得到了极大的改善，村民们原先住的毛坯房换成了砖瓦房，人们可以凭发放的购物条购买电视机、缝纫机、自行车，北京牌十二寸黑白电视机是当时最好的大件电器了。

再到过年，年货敞开供应。大人、孩子都盼望过年，除了可以品尝各种美味，关键是期盼新的一年有好的生活。从腊月二十三小年开始，人们就置办年货。记得有一个五十多岁的大爷，他把花椒、大料这些调料必需品用纸包成一份一份的，挨家挨户上门兜售，而且祝福的话不断。年货都送到家里了，无论贵贱，大家也就都不好拒绝了。

每到腊月二十八，父亲都在屋子里摆个桌子，把事先准备好的红纸裁成相应的尺寸，然后大笔一挥，饱满而喜庆的福字便跃然纸上，这样一连写完十几张，年年如此。我知道，父亲写下的是对新年的期望与对亲人的祝福。“二十九，贴到有”，一大早，我就把父亲写的福字和对联给姑姑和二伯家送去。父亲则忙着打浆糊，并把他写好的福字和对联贴到大门上。

过年不能不提美食。年夜饭不说，就除夕中午的那顿三鲜馅饺子，就让人垂涎欲滴，总要比平时贪吃一些。起初饺子馅里还放点白菜，后来就只放韭菜，海鲜也增加了扇贝、海螺，我家的传统还要放一些海虾干，用父亲的话说，没有它就没有海味。

晚上吃过年夜饭，小孩们提着纸灯笼仨一群、俩一伙地走街串巷，大人们准备好要放的鞭炮，还不到十二点，四处已炮声隆隆，烟花四射，火红的天空映照着人们幸福的笑脸，真是“爆竹声中一岁除，东风送暖入屠苏。千门万户曈曈日，总把新桃换旧符”。放过鞭炮，父亲还会带着我们蘸糖堆来守岁。据长辈介绍，再早一些的时候，逢年过节，人们会用踩高跷、打腰鼓的形式庆祝新年。当时李家园的高跷队在御河沿儿很有名，踩高跷的队伍从李家园出发一直踩到现在的天后宫。

到了正月初一早晨，人们换上新衣，互相拜年，“过年好”的祝福声一直回荡在耳畔。

时光飞逝，改革开放政策实施已四十多年，随着农村城镇化进程的加快，人民的生活发生了翻天覆地的变化，居民收入显著增加，乡镇社会保障体系进一步完善，人民生活质量明显提高，村中的老人都有医疗保险和养老金，真正体现了“老有所养，壮有所用，幼有所长”。

人们的居住环境也得到了极大的改善，原先的砖瓦房被一幢幢高楼所替代，人们不用特意去逛公园了，小区就是一座大花园。李家园村现更名为丽泽嘉园。春天一来，草木萌生，桃树、杏树、梨树都争着开花赶趟儿，空气中弥漫着花草的香味儿。高树低树俯仰生姿，四季不同的花树相间，四季之景不同，而乐亦无穷也。

美的环境颐养性情。在村妇女主任的带领下，小区的文艺活动搞得热火朝天，村民的文化生活丰富多彩。每当夜幕降临，伴随广场上响起的音乐，大家便跳起欢快的广场舞。人们用歌声和舞蹈来歌颂幸福的新生活。无论是区里还是镇里组织的活动竞赛，她们场场不落，合唱比赛、农运会开幕式舞蹈展演，从编排到练习，再到服装道具，她们都精心准备，每一个细节都不放过，她们在以这种方式享受活动，享受生活。

今年，中北镇第一所公办幼儿园正式投入使用，至此，从幼儿园到小学、中学的完整的教育体系正式建立起来，人们的文化素质显著提升，科教更加进步，文化更加繁荣，社会更加和谐稳定。

热带植物观光园名扬全国，花卉之乡美名远播。中北大道平坦而宽阔，大道两侧绿树成荫，高楼林立。据了解，随着南运河提升改造工程全部竣工，中北镇将依托运河文化和历史传承打造现代服务商圈。我们期待中北镇更美好的明天！

芳菲虽逝去，夏木亦可人。历寒霜、经雨露，方得榴花照眼。喜看身边变化，礼赞发展成就。让我们积极进取，海纳百川，御雄风，怀壮志，展宏图。

岁月美好，幸福源于梦想与奋斗。

# 附录七 工作报告

## “初中学困生的特点、成因及转化策略的个案研究”工作报告

### 一、课题的提出与申报

素质教育倡导学生全面健康成长。在大力提倡素质教育的社会背景之下，学困生的问题仍是困扰当代教育工作者的棘手问题，对学习困难学生的研究始终是全世界教育界、心理学界共同的、永恒的主题。只要有教育在，就会有学困生存在。学困生的教育转化问题长期以来备受学校、家庭、社会各方面的关注。有效转化学困生是“构建和谐师生关系、生生关系”，实行“公平教育”，建设“和谐校园”的有效途径之一。基于此，我们于2011年6月申请了“初中学困生的特点、成因及转化策略的个案研究”的课题。

### 二、批准立项时间、级别

“初中学困生的特点、成因及转化策略的个案研究”是2011年10月批准立项的天津市“十二五”教育科学规划一般课题。课题经过近三年的实践和理论研究，已基本完成研究任务，现将我们的研究工作报告如下。

### 三、课题组人员组成

本课题组由4人组成，课题负责人张美娟老师为中学高级教师，其具有终身学习的理念，虽年过四十，仍不辍学习，现在在天津师范大学教育管理专业研究生班学习，她具有二十四年的一线教学经历，多次担任毕业班的教学工作，并有十五年的班主任工作经历，在学困生的转化方面积累了许多经验，并结合教育教学实践撰写了十几篇有价值的论文，2009年参与的国家级重点课题“信息技术与初中复习课有效整合的资源研究”获得国家级优秀奖。实验教师刘风龙老师为中学高级教师，是市级优秀教师，年级组长，有三十多年的教龄和十几年的年级组长一线工作经历，对学困生的教育和管理有独特和创新之处，深受家长和学生的爱戴和信任。闫金福和祁忠文老师是课题实验班的教师，具有丰富的教学经验和很强的教育工作能力，他们勤奋好学，能吃苦，乐于奉献，在工作中积累了许多宝贵的经验，撰写的论文

获市级以上奖项，均具备课题研究的能力。

## 四、开题工作

2011年6月，课题组成员参加了由市教育学会组织的“十二五”课题培训工作，在专家的指导下，确定了课题名称，进行了课题立项和论证，制定了实施方案。此方案设计科学规范，内容具体，可操作性强。校领导大力支持实验教师参加各级培训，参观学习。同时还提供足够的经费保障，以促进课题研究工作顺利进行。

2012年3月课题组召开了开题会。开题前，课题组组长多次向天津师范大学的吴国来教授请教，吴教授对课题内容提出了宝贵的指导性建议。出席开题会的领导有中北中学门校长、邱校长和鲍主任，会议大体完成了如下内容：宣读立项批准书，公布实验组成员，宣读实验方案，论证课题的理论依据和基本现状。最后形成开题论证报告，并确定课题实施的起始时间。这次开题会准备充分，课题论证深入，任务明确，具有较强的实效性。

## 五、研究过程

### （一）工作进程

课题立项后，课题组于2011年9月制定了详细的工作方案，阐述了课题研究的理论和实践背景，明确了课题研究的方向、规范和内容，成立了课题的管理和研究组织，确定了中北中学八年六班为实验班。之后，课题组继续搜集、学习有关学困生的资料和理论，为开展课题研究打下坚实的理论基础，为课题开题做好充分的准备。2012年3月，课题组召开了由课题管理人员、研究人员和校领导参加的开题会议，明确了分工和任务，课题研究工作有序展开。自立项以来，课题组全体教师群策群力，加上市、区教育科研所领导的精心指导，使得课题研究工作方向更为明确。在实际操作过程中，课题组严格执行工作计划，及时总结经验，保证了研究工作的顺利完成。

为了在课题实施进程中有章可循，在每个阶段开始之前都根据课题总的设计方案制订出详细的可操作性强的阶段计划，并严格按照计划实施。一个阶段完成之后，为了便于总结经验，查找不足，进行相应的阶段总结，力求深刻而具体。

## （二）重要节点

本课题的研究共分为三个阶段。

### 1. 第一阶段（2011 年 9 月—2012 年 6 月）

本阶段研究的主要内容、重点和要形成的研究成果如下。

1）专家指导，培训人员

聘请有关专家，从研究理论、研究方法等各方面对参与课题研究的教师进行培训，提高课题组教师的专业水平和研究能力。

2）调查分析，了解现状

通过问卷、访谈及查找相关资料等方式在校内进行充分的调查分析，了解本校学困生的现状，进一步论证开展此项课题研究的必要性。

3）宣传发动，认真实施

利用校会、家长会进行广泛宣传，扩大影响力，让课题深入人心，为收集相关数据提供保障。

4）结合任教学科对学困生实施帮教活动

研究成果：《初中学困生成因调查与分析》、阶段总结、班级记事、《初中学困生的转化教育案例》等。

### 2. 第二阶段（2012 年 9 月—2013 年 6 月）

本阶段研究的主要内容、重点和要形成的研究成果如下。

（1）毕业班学困生学习策略、毕业选择的指导。

（2）毕业班学困生心理调适。

（3）继续探索新型课堂模式。

（4）整理学困生转化案例。

（5）准备结题报告。

### 3. 第三阶段（2013 年 6 月—2014 年 1 月）

本阶段的主要任务是深化实验，进行实验的总结及材料的整理、整档工作。

## （三）研究活动

在课题进入实施阶段之后，课题组加强组织研讨，目的是集中大家的智慧论证问题，求得更多解决问题的办法。研讨要结合实际，有的放矢地围绕主题设计研讨内容。课题组所做的工作大致有以下几个方面的内容。

1. 对学困生的概念进行界定

综合国内外对学困生的定义，结合我国学困生的特殊形成原因、特点和结果及自身的实践经验，本研究将学困生界定为：智力与感官正常，由于学习方法或学习习惯不当，学习效果低下，且在语文、数学和外语三门核心课程中，有一门的成绩长期而稳定地达不到教学大纲所要求的水平的学生，他们同时具有思想意识、行为习惯、学习能力差的特点。

需要强调的是，学习成绩只是衡量学生的学习素质的一个方面，“学困生”也是一个相对的而不是一成不变的概念，是与同班级、同龄的其他成员相比较，由于内部或外部因素的影响，在某些学习技能，如听、说、读、写、注意、记忆、计算等方面有一定的缺陷的学生。这些缺陷既不是由生理或身体上的原发性缺陷，如盲、聋、哑、身体残疾或视力问题等所造成的，也不是由情绪障碍、教育与环境剥夺造成的，他们的学业成绩只是处于暂时落后状态，经过额外的督促与辅导，可以达到教育大纲所要求的水平。

从本研究中中北中学的实际情况出发，对学习困难学生的具体界定是以某一学期的某两次大考成绩为参照标准，把各年级段两次大考语、数、外三门课程中一门或多门不及格的学习存在很大困难的学生作为研究对象，其中排除智力低下及有明显的生理、心理缺陷的学生，针对学困生的特点、成因展开调查，并根据特点查找原因，探索学困生的转化策略，提出有针对性的建议。

2. 确定理论基础

通过学习，课题组将人本主义学习理论、多元智能理论、孔子“因材施教”的思想、罗森塔尔有关教师期待效应的理论、最近发展区理论作为本课题研究的理论基础。

3. 对当前城郊接合部初中学困生学习现状的调查及原因分析

4. 明确初中学困生转化的实施途径

（1）创建和谐宽松的学习环境。

（2）创建民主平等的师生关系。

（3）加强青少年心理健康教育。

（4）形成家校教育合力。

（5）建立多元化评价体系。

5. 确立适宜初中学困生学习的教学模式

（1）将现实生活和课内学习相结合，激发学生的学习兴趣。

（2）利用劳技课培养学生的动手和动脑能力。

（3）充分利用多媒体技术，提高学生的学习兴趣，增强教学的直观性，实现高效教学。

**6. 总结初中学困生转化的指导策略**

（1）树立正确的人生观、价值观，规划自己的未来的指导策略。

（2）正确认识自我、增强自信心、体现自我价值的指导策略。

（3）课外休闲生活的指导策略。

（4）评估、交流与合作的指导策略。

**7. 撰写帮教案例**

**8. 整理学困生档案**

**（四）措施保障**

**1. 参考文献**

为了确保实验顺利实施，在准备和实施阶段，课题组收集了大量与课题研究相关的文献资料，组织成员学习相关理论知识，阅读相关书籍。如《教师科研有问必答》《中小学心理辅导》《班级经营与教学新趋势 》《成功教育》《中学生心理健康教育》《名师转变棘手学生的施教艺术》《走近最理想的教育》《教学工作漫谈》《班主任工作中的心理效应》《青年心理健康十五讲》《好父母 好家教》《给教师的建议》《教育学》《心理学》，还有一些教育杂志等。这些文献对课题研究工作有很大的帮助，是集中培训和自学过程中最好的资料。教师的智慧和资料的辅助，使课题组成员基本掌握了转化学困生的思路和课题研究的一般方法。

**2. 培训工作**

凡是上一级科研部门组织培训，中北中学均积极参加，并认真学习，会后及时传达落实。2011 年 6 月 9 日，课题承担人在西青区进修学校聆听了天津市教科院赵丽霞研究员做的题为《中小学教师如何申报教育科研课题》的报告。2011 年 6 月 13 日，课题组参加了由天津市教育学会主办的天津市基础教育“十二五”教育科研规划课题启动仪式及课题立项培训咨询活动。2011 年 12 月 27 日，课题组参加了由九十五中学举办的“十二五”课题开题活动，之后又参加了区教科研处组织的由殷笑安老师主讲的课题培训活动。通过参加这些培训活动，课题组成员学到了许多宝贵的教科研知识和经验。2012 年 4 月，课题组成员前往辽宁盘锦参观学习；2013 年 7 月，课题组成员赴无锡参观学习；2012 年 8 月，中北中学组织了三场名家讲座。这些活动为实验研究的开展奠定了理论和实践基础。本校课题组成员的集中学习或培训，每月不少于一次，并且每位实验教师都能如实进行自学，同时做了大量的学习笔记。通过学习和培训，课题组成员的思想认识和理论水平都有不同程度的提高，信心和承担任务的勇气都有所增强，为课题的顺利实施奠定了坚实的基础。

3. 组织分工

本课题组组织健全、分工明确。课题主持人负责选项，制定方案，组织实施，最后完成实验报告。实验教师负责具体实施计划，从事课题研究的具体工作，同时完成各阶段计划、总结。实验教师协助课题主持人完善各种文字资料，负责活动记录、综合调查、数据统计及档案管理等工作。

4. 得到的支持

本课题的研究得到了学校领导的高度重视，获得了政策支持和经费保障。另外，教师、学生和家长鼎立配合，为课题提供了优越的研究环境。课题组成员都是一线专职中青年教师，他们严谨治学、勇于开拓，在长期的教学工作中积累了丰富的经验，并有搞好学困生科研的信心和能力。

（五）年度总结

1. 第一阶段总结要点

本学年课题组在学困生课题研究工作中，结合学校的实际情况，从 2011 年 9 月至 2012 年 6 月，进行了为期两个阶段、历时一个学年的探索与研究工作，课题组成员认真学习了相关的理论知识，并将理论和实践相结合，按照课题计划有序地开展了研究工作。研究者从专家指导，总体提升，理论先导，转变思想，实践躬行，积极行动，课题转化工作的成效及思考，存在的问题，下一步课题研究工作的打算几方面进行了总结。

2. 第二阶段总结要点

本学年课题组在上一学年学困生课题研究工作的基础上，结合学校和班级的实际情况，立足教育教学改革实际，从 2012 年 9 月至 2013 年 7 月，进行了为期两个阶段、历时一个学年的探索与研究活动。本次活动以高效教学为目标，以完善小组合作学习为切入点，对教师的教学思想与教学模式、学生的学习方式、班级的管理模式、学生课外生活及毕业指导、评价机制各方面进行了探索，加大了课题组学困生研究工作的深度和广度。

## 六、研究成果与效果

为期三年的研究在整体改造班级管理模式、建立新的教学规范方面取得了明显的成效，课题组提出的教学模式、管理制度、教法体系、转化策略都得到了实践的检验，具有普遍的发展性和可接受性，班级教学质量得到大幅提高，特别是学困生得到了充分照顾，绝大多数学生达到及格以上的标准。具体总结如下。

（1）构建了双轨制、因材施教、分层教学的基本教学模式。

（2）建立了多元评价的量化评比标准。

（3）形成了课外休闲生活的系列指导策略。

（4）建立了班级小组合作的管理模式。

（5）通过目标教育、成长教育等形式引导学生制定三年规划，提高学生自我管理的能力。

（6）学困生的学习兴趣、学习积极性、学业成绩都得到极大的改善，在中考中实验班的学生绝大多数升入高一级的学校学习，班级各项成绩都在年级名列前茅。

（7）校领导和教师在课题研究的过程中教育观念有了很大的改变，在实际工作中，都能给予学困生关注和帮助，师生关系也得到明显的改善，教育教学能力有了很大的提高。

（8）课题组成员张美娟老师的论文《初中学困生的特点、成因及转化策略的个案研究》获全国一等奖，并发表推广，在2013年西青区中考推动会上做教育教学经验介绍；刘凤龙老师的论文《班集体建设的实践研究》获全国二等奖；祁忠文和闫金福两位老师的论文也获得了相应的奖项。

（9）撰写了学困生转化个案。

通过为期三年的课题研究，课题组验证了初中学困生成因的复杂性的理论假设，并在了解了成因的基础上，从社会、学校、家庭、学生自身等多方面入手，有针对性地提出了转化策略，有效地转化了学困生。

学困生的转化工作是一个长期而艰巨的过程，转化学困生是提高教育教学质量的根本途径，学困生的问题不解决，就难以实施素质教育。只有坚持研究和改革，建立起学困生帮扶机制，才能迎来全面发展的素质教育局面。

# 附录八 古诗词校本课程

## 第一篇 先秦文学

### 第一章 诗经

《诗经》是中国最早的一部诗歌总集，是中国古代诗歌的开端，收集了西周初年至春秋中叶（公元前 11 世纪至公元前 6 世纪）的诗歌，反映了周初至周晚期约五百年间的社会面貌。

《诗经》在先秦时期被称为《诗》，又称《诗三百》，在西汉时被尊为儒家经典，始称《诗经》，并沿用至今。诗经分为《风》《雅》《颂》三个部分。《风》是周代各地的歌谣；《雅》是周人的正声雅乐，又分为《小雅》和《大雅》；《颂》是周王庭和贵族宗庙祭祀的乐歌，又分为《周颂》《鲁颂》和《商颂》。

《诗经》被儒家奉为经典，为《六经》及《五经》之一。《诗经》内容丰富，反映了劳动与爱情、战争与徭役、压迫与反抗、风俗与婚姻、祭祖与宴会，甚至天象、地貌、动物、植物等方方面面，是周代社会生活的一面镜子。

关雎

关关雎鸠，在河之洲。窈窕淑女，君子好逑。
参差荇菜，左右流之。窈窕淑女，寤寐求之。
求之不得，寤寐思服。悠哉悠哉，辗转反侧。
参差荇菜，左右采之。窈窕淑女，琴瑟友之。
参差荇菜，左右芼之。窈窕淑女，钟鼓乐之。

《国风·周南·关雎》是《诗经》中的第一首诗，是一首描写男女恋爱的情诗。全诗采用了“兴”的表现手法。首章以雎鸟相向合鸣、相依相恋兴起淑女陪君子的联想。后面各章以采荇菜这一行为兴起主人公对女子疯狂的相思与追求。全诗语言优美，运用双声、叠韵和重叠词增强了诗歌的音韵美和写人状物、拟声传情的生动性。

蒹葭

蒹葭苍苍，白露为霜。所谓伊人，在水一方。
溯洄从之，道阻且长。溯游从之，宛在水中央。
蒹葭萋萋，白露未晞。所谓伊人，在水之湄。
溯洄从之，道阻且跻。溯游从之，宛在水中坻。
蒹葭采采，白露未已。所谓伊人，在水之涘。

溯洄从之，道阻且右。溯游从之，宛在水中沚。

《国风·秦风·蒹葭》全诗三章，每章八句，重章叠唱，表达了追求所爱而不及的惆怅与苦闷。

无衣

岂曰无衣？与子同袍。王于兴师，修我戈矛，与子同仇！

岂曰无衣？与子同泽。王于兴师，修我矛戟，与子偕作！

岂曰无衣？与子同裳。王于兴师，修我甲兵，与子偕行！

《国风·秦风·无衣》是一首激昂慷慨、同仇敌忾的战歌，表现了秦国军民团结互助、共御外侮的高昂士气和乐观精神，其矫健而爽朗的风格正是秦人爱国主义精神的反映。

## 第二章 论语

《论语》是孔子及其弟子的语录结集，由孔子的弟子及再传弟子编写而成。全书以语录体为主，叙事体为辅，主要记录孔子及其弟子的言行，较为集中地体现了孔子的政治主张、伦理思想、道德观念及教育原则等。此书是儒家学派的经典著作之一，与《大学》《中庸》《孟子》并称“四书”，再加上《诗经》《尚书》《礼记》《周易》《春秋》，总称“四书五经”。

孔子（公元前551—公元前479年），名丘，字仲尼，鲁国人，春秋末期伟大的思想家和教育家，儒家学派的创始人。他以“仁的学说”“因材施教”和“有教无类”的教学理念来教育学生。他后来被尊称为“圣人”，是世界最著名的文化名人之一。他编撰了我国第一部编年体史书《春秋》。孔子的言行、思想主要载于语录体散文集《论语》及先秦和秦汉保存下来的《史记·孔子世家》。

“子”，古代对成年男子的尊称，在春秋战国时期，拥有一定社会地位的成年男子都可以被称为“子”。孔子是我国古代伟大的政治家、思想家、教育家，儒家学派创始人，与孟子并称“孔孟”，孔子被尊为“至圣”，孟子为“亚圣”。

子曰：“学而时习之，不亦说乎？有朋自远方来，不亦乐乎？人不知而不愠，不亦君子乎？”《学而》

曾子曰：“吾日三省吾身：为人谋而不忠乎？与朋友交而不信乎？传不习乎？”《学而》

子曰：“吾十有五而志于学，三十而立，四十而不惑，五十而知天命，六十而耳顺，七十而从心所欲，不逾矩。”《为政》

子曰：“温故而知新，可以为师矣。”《为政》

子曰：“学而不思则罔，思而不学则殆。”《为政》

子曰：“贤哉回也！一箪食，一瓢饮，在陋巷，人不堪其忧，回也不改其乐。贤哉，回也！”

《雍也》

子曰："知之者不如好之者，好之者不如乐之者。"《雍也》

子曰："饭疏食饮水，曲肱而枕之，乐亦在其中矣。不义而富且贵，于我如浮云。"《述而》

子曰："三人行，必有我师焉。择其善者而从之，其不善者而改之。"《述而》

子在川上曰："逝者如斯夫，不舍昼夜。"《子罕》

子曰："三军可夺帅也，匹夫不可夺志也。"《子罕》

子夏曰："博学而笃志，切问而近思，仁在其中矣。"《子张》

## 第三章 孟子

孟子（公元前 372—公元前 289 年），名轲，字子舆，战国时期邹国人，儒家学派代表人物。孟子及其门人著有《孟子》一书。孟子继承并发扬了孔子的思想，成为仅次于孔子的一代儒家宗师，对后世中国文化的影响全面而巨大，有"亚圣"之称，与孔子合称"孔孟"。

鱼我所欲也（节选）

鱼，我所欲也；熊掌，亦我所欲也。二者不可得兼，舍鱼而取熊掌者也。生，亦我所欲也；义，亦我所欲也。二者不可得兼，舍生而取义者也。生亦我所欲，所欲有甚于生者，故不为苟得也；死亦我所恶，所恶有甚于死者，故患有所不辟也。如使人之所欲莫甚于生，则凡可以得生者何不用也？使人之所恶莫甚于死者，则凡可以避患者何不为也？由是则生而有不用也，由是则可以避患而有不为也。是故所欲有甚于生者，所恶有甚于死者。非独贤者有是心也，人皆有之，贤者能勿丧耳。

民为贵

孟子曰："民为贵，社稷次之，君为轻。是故得乎丘民而为天子，得乎天子为诸侯，得乎诸侯为大夫。诸侯危社稷，则变置。牺牲既成，粢（zī）盛既洁，祭祀以时，然而旱干水溢，则变置社稷。"

## 第四章 荀子

荀子（公元前 313—公元前 238 年），名况，字卿，华夏族（汉族），战国末期赵国人，著名思想家、文学家、政治家，时人尊称"荀卿"。荀子提倡性恶论，强调后天环境和教育对人的影响。

劝学（节选）

君子曰：学不可以已。

青，取之于蓝，而青于蓝；冰，水为之，而寒于水。木直中绳，輮（róu）以为轮，其曲中规。虽有槁暴（pù），不复挺者，輮使之然也。故木受绳则直，金就砺则利，君子博学而日参省乎己，则知（zhì）明而行无过矣。

故不登高山，不知天之高也；不临深溪，不知地之厚也；不闻先王之遗言，不知学问之大也。干、越、夷、貉之子，生而同声，长而异俗，教使之然也。诗曰："嗟尔君子，无恒安息。靖共尔位，好是正直。神之听之，介尔景福。"神莫大于化道，福莫长于无祸。

……

积土成山，风雨兴焉；积水成渊，蛟龙生焉；积善成德，而神明自得，圣心备焉。故不积跬步，无以至千里；不积小流，无以成江海。骐骥一跃，不能十步；驽马十驾，功在不舍。锲而舍之，朽木不折；锲而不舍，金石可镂。蚓无爪牙之利，筋骨之强，上食埃土，下饮黄泉，用心一也。蟹六跪而二螯，非蛇鳝之穴无可寄托者，用心躁也。

## 第五章 庄子

庄子，姓庄，名周，字子休（亦说子沐），宋国蒙人，战国中期著名的思想家、哲学家和文学家。他创立了华夏重要的哲学学派庄学，是继老子之后战国时期道家学派的代表人物。

庄周崇尚自由，想象力极为丰富，语言运用自如，灵活多变，能把一些微妙难言的哲理说得引人入胜。他的作品被人称为"文学的哲学，哲学的文学"。

### 逍遥游（节选）

北冥有鱼，其名为鲲。鲲之大，不知其几千里也；化而为鸟，其名为鹏。鹏之背，不知其几千里也；怒而飞，其翼若垂天之云。是鸟也，海运则将徙于南冥。南冥者，天池也。《齐谐》者，志怪者也。《谐》之言曰："鹏之徙于南冥也，水击三千里，抟扶摇而上者九万里，去以六月息者也。"野马也，尘埃也，生物之以息相吹也。

天之苍苍，其正色邪？其远而无所至极邪？其视下也，亦若是则已矣。且夫水之积也不厚，则其负大舟也无力。覆杯水于坳堂之上，则芥为之舟；置杯焉则胶，水浅而舟大也。风之积也不厚，则其负大翼也无力。故九万里，则风斯在下矣，而后乃今培风；背负青天，而莫之夭阏者，而后乃今将图南。

蜩（tiáo）与学鸠笑之曰："我决起而飞，抢榆枋而止，时则不至，而控于地而已矣，奚以之九万里而南为？"适莽苍者，三餐而反，腹犹果然；适百里者，宿舂粮；适千里者，三月聚粮。之二虫又何知！小知不及大知，小年不及大年。奚以知其然也？朝菌不知晦朔，蟪（huì）蛄（gū）不知春秋，此小年也。

楚之南有冥灵者，以五百岁为春，五百岁为秋；上古有大椿（chūn）者，以八千岁为春，八千岁为秋。此大年也。而彭祖乃今以久特闻，众人匹之，不亦悲乎？

# 第二篇 汉魏南北朝文学

## 第一章 西汉文学

刘邦（公元前256—公元前195年），汉太祖高皇帝，汉朝开国皇帝，汉民族和汉文化的伟大开拓者之一，中国历史上杰出的政治家、卓越的战略家和指挥家。他对汉族的发展以及中国的统一有突出贡献。

大风歌

大风起兮云飞扬，

威加海内兮归故乡，

安得猛士兮守四方！

司马迁（公元前145年——不可考），字子长，夏阳（今陕西韩城南）人。西汉史学家、散文家。司马谈之子，任太史令，因替李陵败降之事辩解而受宫刑，后任中书令。他发奋继续完成所著史籍，被后世尊称为史迁、太史公、历史之父。

《史记》（原名《太史公书》），全书130篇，526 500余字，包括十二本纪、三十世家、七十列传、十表、八书，是中国第一部纪传体通史，被公认为中国史书的典范，被鲁迅先生誉为“史家之绝唱，无韵之离骚”，与《资治通鉴》并称“史学双璧”。

廉颇蔺相如列传（节选）

于是（赵惠文）王召见，问蔺相如曰：“秦王以十五城请易寡人之璧，可予不？”相如曰：“秦强而赵弱，不可不许。”王曰：“取吾璧，不予我城，奈何？”相如曰：“秦以城求璧而赵不许，曲在赵。赵予璧而秦不予赵城，曲在秦。均之二策，宁许以负秦曲。”王曰：“谁可使者？”相如曰：“王必无人，臣愿奉璧往使。城入赵而璧留秦；城不入，臣请完璧归赵。”赵王于是遂遣相如奉璧西入秦。

## 第二章 汉乐府

乐府是自秦代以来设立的配置乐曲、训练乐工和采集民歌的专门官署，汉乐府指由汉时乐府机关所采制的诗歌。这些诗原本在民间流传，经由乐府保存下来，汉人叫其“歌诗”，魏晋时始称“乐府”或“汉乐府”。后世文人仿此形式所作的诗亦称“乐府诗”。

汉乐府开创了诗歌现实主义的新风。《陌上桑》和《孔雀东南飞》都是汉乐府民歌的代表，后者是我国古代最长的叙事诗，与《木兰诗》合称“乐府双璧”。

上邪（yé）

我欲与君相知，长命无绝衰（cuī）。

山无陵，江水为竭。

冬雷震震，夏雨（yù）雪。

天地合，乃敢与君绝。

孔雀东南飞（节选）

汉末建安中，庐江府小吏焦仲卿妻刘氏，为仲卿母所遣，自誓不嫁。其家逼之，乃投水而死。仲卿闻之，亦自缢于庭树。时人伤之，为诗云尔。

孔雀东南飞，五里一徘徊。

“十三能织素，十四学裁衣，十五弹箜篌，十六诵诗书。十七为君妇，心中常苦悲。君既为府吏，守节情不移，贱妾留空房，相见常日稀。鸡鸣入机织，夜夜不得息。三日断五匹，大人故嫌迟。非为织作迟，君家妇难为！妾不堪驱使，徒留无所施，便可白公姥，及时相遣归。”

……

其日牛马嘶，新妇入青庐。奄奄黄昏后，寂寂人定初。“我命绝今日，魂去尸长留！”揽裙脱丝履，举身赴清池。

府吏闻此事，心知长别离。徘徊庭树下，自挂东南枝。

## 第三章 三曹及建安七子

三曹，是汉魏时期曹操与其子曹丕、曹植的合称。因他们父子在政治上的地位和文学上的成就都对当时的文坛很有影响，是建安文学（史称建安风骨）的代表，所以后人合称之为“三曹”。

观沧海（曹操）

东临碣石，以观沧海。水何澹澹，山岛竦峙。

树木丛生，百草丰茂。秋风萧瑟，洪波涌起。

日月之行，若出其中；星汉灿烂，若出其里。

幸甚至哉！歌以咏志。

丹霞蔽日行（曹丕）

丹霞蔽日，采虹垂天。谷水潺潺，木落翩翩。

孤禽失群，悲鸣云间。月盈则冲，华不再繁。

古来有之，嗟我何言。

白马篇（曹植）

白马饰金羁，连翩（piān）西北驰。借问谁家子？幽并游侠儿。

少小去乡邑，扬声沙漠垂。宿昔秉良弓，楛（hù）矢何参差！

控弦破左的，右发摧月支。仰手接飞猱（náo），俯身散马蹄。

狡捷过猴猿，勇剽若豹螭（chī）。边城多警急，虏骑数迁移。

羽檄（xí）从北来，厉马登高堤。长驱蹈匈奴，左顾凌鲜卑。

弃身锋刃端，性命安可怀？父母且不顾，何言子与妻？

名编壮士籍，不得中顾私。捐躯赴国难，视死忽如归。

建安七子是汉建安年间（196—220 年）七位文学家的合称，包括孔融、陈琳、王粲、徐干、阮瑀、应玚、刘桢。这七人大体上代表了建安时期除曹氏父子（即曹操、曹丕、曹植）外的优秀作者。

## 第四章 竹林七贤

竹林七贤指的是三国魏正始年间（240—249 年）的嵇康、阮籍、山涛、向秀、刘伶、王戎及阮咸七人。他们因常在当时的山阳县（今修武一带）竹林之下喝酒、纵歌，肆意酣畅，世谓七贤。

赠秀才入军（嵇康）

第十四首

息徒兰圃，秣马华山。流磻（bō）平皋，垂纶长川。

目送归鸿，手挥五弦。俯仰自得，游心太玄。

嘉彼钓叟，得鱼忘筌。郢人逝矣，谁与尽言。

咏怀八十二首（阮籍）

其一

夜中不能寐，起坐弹鸣琴。薄帷鉴明月，清风吹我襟。

孤鸿号外野，翔鸟鸣北林。徘徊将何见？忧思独伤心。

## 第五章 陶渊明

陶渊明（352 或 365—427 年），字元亮，又名潜，私谥“靖节”，世称靖节先生，浔阳柴桑（今江西省九江市）人。东晋末至南朝宋初期伟大的诗人、辞赋家。最末一次出仕为彭泽县令，八十多天便弃职而去，从此归隐田园。他是中国第一位田园诗人，被称为“古今隐逸诗人之宗”，著有《陶渊明集》。

归园田居·其一

少无适俗韵，性本爱丘山。误落尘网中，一去三十年。
羁鸟恋旧林，池鱼思故渊。开荒南野际，守拙归园田。
方宅十余亩，草屋八九间。榆柳荫后檐，桃李罗堂前。
暧暧远人村，依依墟里烟。狗吠深巷中，鸡鸣桑树颠。
户庭无尘杂，虚室有余闲。久在樊笼里，复得返自然。

归园田居·其三

种豆南山下，草盛豆苗稀。晨兴理荒秽，带月荷锄归。
道狭草木长，夕露沾我衣。衣沾不足惜，但使愿无违。

饮酒·其五

结庐在人境，而无车马喧。问君何能尔？心远地自偏。
采菊东篱下，悠然见南山。山气日夕佳，飞鸟相与还。
此中有真意，欲辨已忘言。

桃花源记并诗

晋太元中，武陵人捕鱼为业。缘溪行，忘路之远近。忽逢桃花林，夹岸数百步，中无杂树，芳草鲜美，落英缤纷，渔人甚异之。复前行，欲穷其林。

林尽水源，便得一山，山有小口，仿佛若有光。便舍船，从口入。初极狭，才通人。复行数十步，豁然开朗。土地平旷，屋舍俨然，有良田美池桑竹之属。阡陌交通，鸡犬相闻。其中往来种作，男女衣着，悉如外人。黄发垂髫，并怡然自乐。

见渔人，乃大惊，问所从来。具答之。便要还家，设酒杀鸡作食。村中闻有此人，咸来问讯。自云先世避秦时乱，率妻子邑人来此绝境，不复出焉，遂与外人间隔。问今是何世，乃不知有汉，无论魏晋。此人一一为具言所闻，皆叹惋。余人各复延至其家，皆出酒食。停数日，辞去。此中人语云：“不足为外人道也。”（间隔一作隔绝）

既出，得其船，便扶向路，处处志之。及郡下，诣太守，说如此。太守即遣人随其往，寻向所志，遂迷，不复得路。

南阳刘子骥，高尚士也，闻之，欣然规往。未果，寻病终，后遂无问津者。

嬴氏乱天纪，贤者避其世。黄绮之商山，伊人亦云逝。往迹浸复湮，来径遂芜废。相命肆农耕，日入从所憩。桑竹垂余荫，菽稷随时艺。

春蚕收长丝，秋熟靡王税。荒路暧交通，鸡犬互鸣吠。俎豆犹古法，衣裳无新制。童孺纵行歌，斑白欢游诣。草荣识节和，木衰知风厉。

虽无纪历志，四时自成岁。怡然有余乐，于何劳智慧？奇踪隐五百，一朝敞神界。淳薄既异源，旋复还幽蔽。借问游方士，焉测尘嚣外。

愿言蹑清风，高举寻吾契。

## 第六章 魏晋其他诗人

谢灵运（385—433 年），原名公义，字灵运，世称谢客，南北朝时期杰出的诗人、文学家、旅行家、道家。他开创了中国文学史上的山水诗派。

登池上楼

潜虬媚幽姿，飞鸿响远音。薄霄愧云浮，栖川怍渊沈。
进德智所拙，退耕力不任。徇禄反穷海，卧痾对空林。
衾枕昧节候，褰开暂窥临。倾耳聆波澜，举目眺岖嵚。
初景革绪风，新阳改故阴。池塘生春草，园柳变鸣禽。
祁祁伤豳歌，萋萋感楚吟。索居易永久，离群难处心。
持操岂独古，无闷征在今。

鲍照（414—466 年），字明远，东海郡（今属山东省临沂市兰陵县长城镇）人，南朝宋杰出的文学家、诗人。其诗歌注意描写山水，讲究对仗和辞藻。他善长乐府诗，其七言诗对唐代诗歌的发展起了重要作用，世称“元嘉体”，现有《鲍参军集》传世。鲍照和庾信合称“南照北信”。

拟行路难

对案不能食，拔剑击柱长叹息。丈夫生世会几时？安能蹀躞垂羽翼！
弃置罢官去，还家自休息。朝出与亲辞，暮还在亲侧。
弄儿床前戏，看妇机中织。自古圣贤尽贫贱，何况我辈孤且直！

吴均（469—520 年），字叔庠，南朝梁文学家、史学家，吴兴故鄣（今浙江安吉）人。他工于写景，尤以小品书札见长，诗亦清新，多为反映社会现实之作，号称“吴均体”。

与朱元思书

风烟俱净，天山共色。从流飘荡，任意东西。自富阳至桐庐一百许里，奇山异水，天下独绝。

水皆缥（piǎo）碧，千丈见底。游鱼细石，直视无碍。急湍（tuān）甚箭，猛浪若奔。

夹岸高山，皆生寒树，负势竞上，互相轩邈(miǎo)，争高直指，千百成峰。泉水激石，泠泠（líng）作响；好鸟相鸣，嘤嘤（yīng）成韵。蝉则千转（zhuàn）不穷，猿则百叫无绝。鸢（yuān）飞戾（lì）天者，望峰息心；经纶（lún）世务者，窥（kuī）谷忘反。横柯（kē）上蔽，在昼犹昏；疏条交映，有时见日。

庾（yǔ）信（513—581年），字子山，小字兰成，南阳新野（今河南新野）人，南北朝时期著名的文学家。

重别周尚书

阳关万里道，不见一人归。唯有河边雁，秋来南向飞。

## 第七章 南北朝乐府民歌

西洲曲（南朝）

忆梅下西洲，折梅寄江北。单衫杏子红，双鬓鸦雏色。
西洲在何处？两桨桥头渡。日暮伯劳飞，风吹乌臼树。
树下即门前，门中露翠钿。开门郎不至，出门采红莲。
采莲南塘秋，莲花过人头。低头弄莲子，莲子青如水。
置莲怀袖中，莲心彻底红。忆郎郎不至，仰首望飞鸿。
鸿飞满西洲，望郎上青楼。楼高望不见，尽日栏杆头。
栏杆十二曲，垂手明如玉。卷帘天自高，海水摇空绿。
海水梦悠悠，君愁我亦愁。南风知我意，吹梦到西洲。

敕勒歌（北朝）

敕勒川，阴山下。天似穹庐，笼盖四野。
天苍苍，野茫茫。风吹草低见牛羊。

木兰诗（北朝）

唧唧复唧唧，木兰当户织，不闻机杼声，惟闻女叹息。问女何所思，问女何所忆，女亦无所思，女亦无所忆。昨夜见军帖，可汗大点兵。军书十二卷，卷卷有爷名，阿爷无大儿，木兰无长兄，愿为市鞍马，从此替爷征。

东市买骏马，西市买鞍鞯，南市买辔头，北市买长鞭。旦辞爷娘去，暮至黄河边。不闻爷娘唤女声，但闻黄河流水鸣溅溅。旦辞黄河去，暮宿黑山头。不闻爷娘唤女声，但闻燕山胡骑鸣啾啾。

万里赴戎机，关山度若飞。朔气传金柝，寒光照铁衣。将军百战死，壮士十年归。

归来见天子，天子坐明堂。策勋十二转，赏赐百千强。可汗问所欲，木兰不用尚书郎。愿驰千里足，送儿还故乡。

爷娘闻女来，出郭相扶将。阿姊闻妹来，当户理红妆。小弟闻姊来，磨刀霍霍向猪羊。开我东阁门，坐我西阁床。脱我战时袍，着我旧时裳。当窗理云鬓，对镜贴花黄。出门看火伴，火伴皆惊忙。同行十二年，不知木兰是女郎！

雄兔脚扑朔，雌兔眼迷离。双兔傍地走，安能辨我是雄雌。

# 第三篇 唐代文学

## 第一章 初唐文学

王绩（约589—644年），字无功，号东皋子，绛州龙门县（山西万荣县通化镇）人，初唐诗人。贞观初，他以疾罢归河渚间，躬耕东皋山（今宿州五柳风景区），自号“东皋子”。其性简傲，其诗近而不浅，质而不俗，真率疏放，有旷怀高致，直追魏晋高风。

野望

东皋薄暮望，徙倚欲何依。树树皆秋色，山山唯落晖。

牧人驱犊返，猎马带禽归。相顾无相识，长歌怀采薇。

王勃（约650—约676年），字子安，唐代文学家，古绛州龙门（今山西河津）人，出身儒学世家，与杨炯、卢照邻、骆宾王并称“初唐四杰”。他在诗歌体裁上擅长五律和五绝，代表作品有《滕王阁序》等。

送杜少府之任蜀州

城阙辅三秦，风烟望五津。与君离别意，同是宦游人。

海内存知己，天涯若比邻。无为在岐路，儿女共沾巾。

滕王阁序并诗

豫章故郡，洪都新府。星分翼轸，地接衡庐。襟三江而带五湖，控蛮荆而引瓯越。物华天宝，龙光射牛斗之墟；人杰地灵，徐孺下陈蕃之榻。雄州雾列，俊采星驰。台隍枕夷夏之交，宾主尽东南之美。都督阎公之雅望，棨戟遥临；宇文新州之懿范，襜帷暂驻。十旬休假，胜友如云；千里逢迎，高朋满座。腾蛟起凤，孟学士之词宗；紫电青霜，王将军之武库。家君作宰，路出名区；童子何知，躬逢胜饯。

时维九月，序属三秋。潦水尽而寒潭清，烟光凝而暮山紫。俨骖騑于上路，访风景于崇阿。临帝子之长洲，得仙人之旧馆。层峦耸翠，上出重霄；飞阁流丹，下临无地。鹤汀凫渚，穷岛屿之萦回；桂殿兰宫，即冈峦之体势。

披绣闼，俯雕甍，山原旷其盈视，川泽纡其骇瞩。闾阎扑地，钟鸣鼎食之家；舸舰迷津，青雀黄龙之舳。云销雨霁，彩彻区明。落霞与孤鹜齐飞，秋水共长天一色。渔舟唱晚，响穷彭蠡之滨，雁阵惊寒，声断衡阳之浦。

遥襟甫畅，逸兴遄飞。爽籁发而清风生，纤歌凝而白云遏。睢园绿竹，气凌彭泽之樽；邺水朱华，光照临川之笔。四美具，二难并。穷睇眄于中天，极娱游于暇日。天高地迥，觉宇宙之无穷；兴尽悲来，识盈虚之有数。望长安于日下，目吴会于云间。地势极而南溟深，天柱高而北辰远。关山难越，谁悲失路之人？萍水相逢，尽是他乡之客。怀帝阍而不见，奉宣室以何年？

嗟乎！时运不齐，命途多舛。冯唐易老，李广难封。屈贾谊于长沙，非无圣主；窜梁鸿于海曲，岂乏明时？所赖君子见机，达人知命。老当益壮，宁移白首之心？穷且益坚，不坠青云之志。酌贪泉而觉爽，处涸辙以犹欢。北海虽赊，扶摇可接；东隅已逝，桑榆非晚。孟尝高洁，空余报国之情；阮籍猖狂，岂效穷途之哭！

勃，三尺微命，一介书生。无路请缨，等终军之弱冠；有怀投笔，慕宗悫之长风。舍簪笏于百龄，奉晨昏于万里。非谢家之宝树，接孟氏之芳邻。他日趋庭，叨陪鲤对；今兹捧袂，喜托龙门。杨意不逢，抚凌云而自惜；钟期既遇，奏流水以何惭？

呜乎！胜地不常，盛筵难再；兰亭已矣，梓泽丘墟。临别赠言，幸承恩于伟饯；登高作赋，是所望于群公。敢竭鄙怀，恭疏短引；一言均赋，四韵俱成。请洒潘江，各倾陆海云尔：

滕王高阁临江渚，佩玉鸣鸾罢歌舞。

画栋朝飞南浦云，珠帘暮卷西山雨。

闲云潭影日悠悠，物换星移几度秋。

阁中帝子今何在？槛外长江空自流。

陈子昂（659—700年），字伯玉，梓州射洪（今四川省遂宁市射洪县）人，唐代诗人，初唐诗文革新人物之一。因曾任右拾遗，后世称其陈拾遗。

登幽州台歌

前不见古人，后不见来者。

念天地之悠悠，独怆然而涕下。

感遇·其二

兰若生春夏，芊蔚何青青！

幽独空林色，朱蕤冒紫茎。

迟迟白日晚，袅袅秋风生。

岁华尽摇落，芳意竟何成？

贺知章（约659—约744年），唐代诗人、书法家，字季真，晚年自号“四明狂客”“秘书外监”，越州永兴（今浙江杭州萧山区）人。他为人旷达不羁，好酒，有“清谈风流”之誉，晚年尤纵。其诗文以绝句见长。

咏柳

碧玉妆成一树高，万条垂下绿丝绦。

不知细叶谁裁出，二月春风似剪刀。

回乡偶书二首·其一

少小离家老大回，乡音无改鬓毛衰。

儿童相见不相识，笑问客从何处来。

张若虚（约647—约730年），字、号均不详，扬州（今江苏扬州）人，初唐诗人，与贺知章、张旭、包融并称“吴中四士”。

春江花月夜

春江潮水连海平，海上明月共潮生。

滟滟随波千万里，何处春江无月明！

江流宛转绕芳甸，月照花林皆似霰。

空里流霜不觉飞，汀上白沙看不见。

江天一色无纤尘，皎皎空中孤月轮。

江畔何人初见月？江月何年初照人？

人生代代无穷已，江月年年只相似。

不知江月待何人，但见长江送流水。

白云一片去悠悠，青枫浦上不胜愁。

谁家今夜扁舟子？何处相思明月楼？

可怜楼上月徘徊，应照离人妆镜台。

玉户帘中卷不去，捣衣砧上拂还来。

此时相望不相闻，愿逐月华流照君。

鸿雁长飞光不度，鱼龙潜跃水成文。

昨夜闲潭梦落花，可怜春半不还家。

江水流春去欲尽，江潭落月复西斜。

斜月沉沉藏海雾，碣石潇湘无限路。

不知乘月几人归，落月摇情满江树。

## 第二章 盛唐文学

王之涣（688—742年），盛唐时期著名的诗人，字季凌，蓟门人，一说晋阳（今山西太原）人。他名动一时，常与高适、王昌龄等相唱和，尤善五言诗，以描写边塞风光为胜，是浪漫主义诗人。

登鹳雀楼

白日依山尽，黄河入海流。

欲穷千里目，更上一层楼。

凉州词

黄河远上白云间，一片孤城万仞山。

羌笛何须怨杨柳，春风不度玉门关。

孟浩然（689—740年），名浩，字浩然，号孟山人，襄州襄阳（今湖北襄阳）人，世称孟襄阳。他因未曾入仕，又被称为孟山人，是唐代著名的山水田园派诗人，与王维并称“王孟”。

望洞庭湖赠张丞相

八月湖水平，涵虚混太清。气蒸云梦泽，波撼岳阳城。

欲济无舟楫，端居耻圣明。坐观垂钓者，徒有羡鱼情。

过故人庄

故人具鸡黍，邀我至田家。绿树村边合，青山郭外斜。

开轩面场圃，把酒话桑麻。待到重阳日，还来就菊花。

王昌龄（698—757年），字少伯，河东晋阳（今山西太原）人，一说京兆长安（今西安）人，盛唐著名的边塞诗人。其诗以七绝见长，尤以登第之前赴西北边塞所作边塞诗最著，有“诗家夫子王江宁”之誉，又被后人誉为“七绝圣手”。

出塞

秦时明月汉时关，万里长征人未还。

但使龙城飞将在，不教胡马度阴山。

王维（701—761年），字摩诘，号摩诘居士，河东蒲州（今山西运城）人，唐朝著名诗人、画家，唐肃宗乾元年间任尚书右丞，故世称“王右丞”。他与孟浩然合称“王孟”，有“诗佛”之称。苏轼评价其“味摩诘之诗，诗中有画；观摩诘之画，画中有诗”。

山居秋暝

空山新雨后，天气晚来秋。明月松间照，清泉石上流。

竹喧归浣女，莲动下渔舟。随意春芳歇，王孙自可留。

竹里馆

独坐幽篁里，弹琴复长啸。深林人不知，明月来相照。

鹿柴

空山不见人，但闻人语响，返景入深林，复照青苔上。

送元二使安西

渭城朝雨浥轻尘，客舍青青柳色新。

劝君更尽一杯酒，西出阳关无故人。

使至塞上

单车欲问边，属国过居延。征蓬出汉塞，归雁入胡天。

大漠孤烟直，长河落日圆。萧关逢候骑，都护在燕然。

相思

红豆生南国，春来发几枝？愿君多采撷，此物最相思。

九月九日忆山东兄弟

独在异乡为异客，每逢佳节倍思亲。

遥知兄弟登高处，遍插茱萸少一人。

李白（701—762年），字太白，号青莲居士，又号“谪仙人”，是唐代伟大的浪漫主义诗人，被后人誉为“诗仙”，与杜甫并称“李杜”。为了与另两位诗人李商隐与杜牧（即“小李杜”）区别，李白与杜甫又合称“大李杜”。

蜀道难

噫吁嚱，危乎高哉！蜀道之难，难于上青天！

蚕丛及鱼凫，开国何茫然！

尔来四万八千岁，不与秦塞通人烟。

西当太白有鸟道，可以横绝峨眉巅。

地崩山摧壮士死，然后天梯石栈相钩连。

上有六龙回日之高标，下有冲波逆折之回川。

黄鹤之飞尚不得过，猿猱欲度愁攀援。

青泥何盘盘，百步九折萦岩峦。

扪参历井仰胁息，以手抚膺坐长叹。
问君西游何时还？畏途巉岩不可攀。
但见悲鸟号古木，雄飞雌从绕林间。
又闻子规啼夜月，愁空山。
蜀道之难，难于上青天，使人听此凋朱颜！
连峰去天不盈尺，枯松倒挂倚绝壁。
飞湍瀑流争喧豗，砯崖转石万壑雷。
其险也如此，嗟尔远道之人胡为乎来哉！
剑阁峥嵘而崔嵬，一夫当关，万夫莫开。
所守或匪亲，化为狼与豺。
朝避猛虎，夕避长蛇；磨牙吮血，杀人如麻。
锦城虽云乐，不如早还家。
蜀道之难，难于上青天，侧身西望长咨嗟！

将进酒

君不见，黄河之水天上来，奔流到海不复回。
君不见，高堂明镜悲白发，朝如青丝暮成雪。
人生得意须尽欢，莫使金樽空对月。
天生我材必有用，千金散尽还复来。
烹羊宰牛且为乐，会须一饮三百杯。
岑夫子，丹丘生，将进酒，杯莫停。
与君歌一曲，请君为我倾耳听。
钟鼓馔玉不足贵，但愿长醉不复醒。
古来圣贤皆寂寞，惟有饮者留其名。
陈王昔时宴平乐，斗酒十千恣欢谑。
主人何为言少钱，径须沽取对君酌。
五花马，千金裘，呼儿将出换美酒，与尔同销万古愁。

行路难·其一

金樽清酒斗十千，玉盘珍羞直万钱。
停杯投箸不能食，拔剑四顾心茫然。
欲渡黄河冰塞川，将登太行雪满山。

闲来垂钓碧溪上，忽复乘舟梦日边。
行路难！行路难！多歧路，今安在？
长风破浪会有时，直挂云帆济沧海。

宣州谢脁楼饯别校书叔云

弃我去者，昨日之日不可留；
乱我心者，今日之日多烦忧。
长风万里送秋雁，对此可以酣高楼。
蓬莱文章建安骨，中间小谢又清发。
俱怀逸兴壮思飞，欲上青天览明月。
抽刀断水水更流，举杯消愁愁更愁。
人生在世不称意，明朝散发弄扁舟。

高适（704—765 年），字达夫，一字仲武，渤海蓨（今河北沧州）人，唐代著名边塞诗人，与岑参并称“高岑”，与岑参、王昌龄、王之涣合称“边塞四诗人”。其诗笔力雄健，气势奔放，洋溢着盛唐时期所特有的奋发进取、蓬勃向上的时代精神。

别董大二首·其一

千里黄云白日曛，北风吹雁雪纷纷。
莫愁前路无知己，天下谁人不识君？

杜甫（712—770 年），字子美，原籍湖北襄阳，后徙河南巩县，自号少陵野老，唐代伟大的现实主义诗人，与李白合称“李杜”。为了与另两位诗人李商隐与杜牧（即“小李杜”）区别，杜甫与李白又合称“大李杜”。杜甫也常被称为“老杜”，被后人称为“诗圣”，他的诗被称为“诗史”，后世称其杜拾遗、杜工部，也称他杜少陵、杜草堂。

望岳

岱宗夫如何？齐鲁青未了。造化钟神秀，阴阳割昏晓。
荡胸生层云，决眦入归鸟。会当凌绝顶，一览众山小。

春望

国破山河在，城春草木深。感时花溅泪，恨别鸟惊心。
烽火连三月，家书抵万金。白头搔更短，浑欲不胜簪。

闻官军收河南河北

剑外忽传收蓟北，初闻涕泪满衣裳。
却看妻子愁何在，漫卷诗书喜欲狂。

白日放歌须纵酒，青春作伴好还乡。

即从巴峡穿巫峡，便下襄阳向洛阳。

春夜喜雨

好雨知时节，当春乃发生。随风潜入夜，润物细无声。

野径云俱黑，江船火独明。晓看红湿处，花重锦官城。

茅屋为秋风所破歌

八月秋高风怒号，卷我屋上三重茅。茅飞渡江洒江郊，高者挂罥长林梢，下者飘转沉塘坳。

南村群童欺我老无力，忍能对面为盗贼，公然抱茅入竹去。唇焦口燥呼不得，归来倚杖自叹息。

俄顷风定云墨色，秋天漠漠向昏黑。布衾多年冷似铁，娇儿恶卧踏里裂。床头屋漏无干处，雨脚如麻未断绝。自经丧乱少睡眠，长夜沾湿何由彻？

安得广厦千万间，大庇天下寒士俱欢颜，风雨不动安如山。呜呼！何时眼前突兀见此屋，吾庐独破受冻死亦足！

岑参（715—770年），唐代边塞诗人，代宗时曾官嘉州（今四川乐山）刺史，世称“岑嘉州”。其风格与高适相近，后人多并称“高岑”。

逢入京使

故园东望路漫漫，双袖龙钟泪不干。

马上相逢无纸笔，凭君传语报平安。

白雪歌送武判官归京

北风卷地白草折，胡天八月即飞雪。

忽如一夜春风来，千树万树梨花开。

散入珠帘湿罗幕，狐裘不暖锦衾薄。

将军角弓不得控，都护铁衣冷难着。

瀚海阑干百丈冰，愁云惨淡万里凝。

中军置酒饮归客，胡琴琵琶与羌笛。

纷纷暮雪下辕门，风掣红旗冻不翻。

轮台东门送君去，去时雪满天山路。

山回路转不见君，雪上空留马行处。

## 第三章 中唐文学

张继（生卒年不详），字懿孙，湖北襄州（今湖北襄阳）人，唐代诗人。

枫桥夜泊

月落乌啼霜满天，江枫渔火对愁眠。

姑苏城外寒山寺，夜半钟声到客船。

韦应物（737—792年），唐代诗人，长安（今陕西西安）人。其因出任过苏州刺史，世称“韦苏州”。

滁州西涧

独怜幽草涧边生，上有黄鹂深树鸣。

春潮带雨晚来急，野渡无人舟自横。

李益（约750—约830年），唐代诗人，字君虞，祖籍凉州姑臧（今甘肃省武威市凉州区），后迁河南郑州，以边塞诗作出名，尤擅七言绝句。

夜上受降城闻笛

回乐峰前沙似雪，受降城外月如霜。

不知何处吹芦管，一夜征人尽望乡。

张志和（732—约774年），字子同，初名龟龄，号玄真子。

渔歌子

西塞山前白鹭飞，桃花流水鳜鱼肥。

青箬笠，绿蓑衣，斜风细雨不须归。

孟郊（751—814年），字东野，唐代著名诗人，湖州武康（今浙江省德清县）人。孟郊工诗，因其诗作多写世态炎凉、民间苦难，故有“诗囚”之称，与贾岛并称“郊寒岛瘦”。

游子吟

慈母手中线，游子身上衣。

临行密密缝，意恐迟迟归。

谁言寸草心，报得三春晖。

韩愈（768—824年），字退之，河南河阳（今河南省孟州市）人，自称“郡望昌黎”，世称“韩昌黎”“昌黎先生”，谥号“文”，故称“韩文公”，唐代杰出的文学家、思想家、哲学家、政治家。

早春呈水部张十八员外二首

其一

天街小雨润如酥，草色遥看近却无。

最是一年春好处，绝胜烟柳满皇都。

其二

莫道官忙身老大，即无年少逐春心。

凭君先到江头看，柳色如今深未深。

杂说四·马说

世有伯乐，然后有千里马。千里马常有，而伯乐不常有。故虽有名马，祇辱于奴隶人之手，骈死于槽枥之间，不以千里称也。(祇辱一作只辱)

马之千里者，一食或尽粟一石。食马者不知其能千里而食也。是马也，虽有千里之能，食不饱，力不足，才美不外见，且欲与常马等不可得，安求其能千里也？（食通饲）

策之不以其道，食之不能尽其材，鸣之而不能通其意，执策而临之，曰："天下无马！"呜呼！其真无马邪？其真不知马也！

刘禹锡（772—842年），字梦得，河南洛阳人，唐朝文学家、哲学家，有"诗豪"之称。刘禹锡诗文俱佳，涉猎题材广泛，与柳宗元并称"刘柳"，与韦应物、白居易合称"三杰"，与白居易合称"刘白"，著有《陋室铭》《竹枝词》《杨柳枝词》《乌衣巷》等名篇。其哲学著作《天论》三篇论述了天的物质性，分析了"天命论"产生的根源，具有唯物主义思想。

乌衣巷

朱雀桥边野草花，乌衣巷口夕阳斜。

旧时王谢堂前燕，飞入寻常百姓家。

秋词·其一

自古逢秋悲寂寥，我言秋日胜春朝。

晴空一鹤排云上，便引诗情到碧霄。

白居易（772—846年），字乐天，号香山居士，又号醉吟先生，是唐代伟大的现实主义诗人。白居易与元稹共同倡导新乐府运动，世称"元白"，与刘禹锡并称"刘白"。

白居易的诗歌题材广泛，形式多样，语言平易通俗，有"诗魔"和"诗王"之称。其有《白氏长庆集》传世，代表诗作有《长恨歌》《卖炭翁》《琵琶行》等。

钱塘湖春行

孤山寺北贾亭西，水面初平云脚低。

几处早莺争暖树，谁家新燕啄春泥。
乱花渐欲迷人眼，浅草才能没马蹄。
最爱湖东行不足，绿杨阴里白沙堤。

长恨歌

汉皇重色思倾国，御宇多年求不得。
杨家有女初长成，养在深闺人未识。
天生丽质难自弃，一朝选在君王侧。
回眸一笑百媚生，六宫粉黛无颜色。
春寒赐浴华清池，温泉水滑洗凝脂。
侍儿扶起娇无力，始是新承恩泽时。
云鬓花颜金步摇，芙蓉帐暖度春宵。
春宵苦短日高起，从此君王不早朝。
承欢侍宴无闲暇，春从春游夜专夜。
后宫佳丽三千人，三千宠爱在一身。
金屋妆成娇侍夜，玉楼宴罢醉和春。
姊妹弟兄皆列土，可怜光彩生门户。
遂令天下父母心，不重生男重生女。
骊宫高处入青云，仙乐风飘处处闻。
缓歌慢舞凝丝竹，尽日君王看不足。
渔阳鼙鼓动地来，惊破霓裳羽衣曲。
九重城阙烟尘生，千乘万骑西南行。
翠华摇摇行复止，西出都门百余里。
六军不发无奈何，宛转蛾眉马前死。
花钿委地无人收，翠翘金雀玉搔头。
君王掩面救不得，回看血泪相和流。
黄埃散漫风萧索，云栈萦纡登剑阁。
峨嵋山下少人行，旌旗无光日色薄。
蜀江水碧蜀山青，圣主朝朝暮暮情。
行宫见月伤心色，夜雨闻铃肠断声。
天旋地转回龙驭，到此踌躇不能去。

马嵬坡下泥土中，不见玉颜空死处。
君臣相顾尽沾衣，东望都门信马归。
归来池苑皆依旧，太液芙蓉未央柳。
芙蓉如面柳如眉，对此如何不泪垂。
春风桃李花开日，秋雨梧桐叶落时。
西宫南内多秋草，落叶满阶红不扫。
梨园弟子白发新，椒房阿监青娥老。
夕殿萤飞思悄然，孤灯挑尽未成眠。
迟迟钟鼓初长夜，耿耿星河欲曙天。
鸳鸯瓦冷霜华重，翡翠衾寒谁与共。
悠悠生死别经年，魂魄不曾来入梦。
临邛道士鸿都客，能以精诚致魂魄。
为感君王辗转思，遂教方士殷勤觅。
排空驭气奔如电，升天入地求之遍。
上穷碧落下黄泉，两处茫茫皆不见。
忽闻海上有仙山，山在虚无缥渺间。
楼阁玲珑五云起，其中绰约多仙子。
中有一人字太真，雪肤花貌参差是。
金阙西厢叩玉扃，转教小玉报双成。
闻道汉家天子使，九华帐里梦魂惊。
揽衣推枕起徘徊，珠箔银屏迤逦开。
云鬓半偏新睡觉，花冠不整下堂来。
风吹仙袂飘飘举，犹似霓裳羽衣舞。
玉容寂寞泪阑干，梨花一枝春带雨。
含情凝睇谢君王，一别音容两渺茫。
昭阳殿里恩爱绝，蓬莱宫中日月长。
回头下望人寰处，不见长安见尘雾。
惟将旧物表深情，钿合金钗寄将去。
钗留一股合一扇，钗擘黄金合分钿。
但教心似金钿坚，天上人间会相见。

临别殷勤重寄词，词中有誓两心知。

七月七日长生殿，夜半无人私语时。

在天愿作比翼鸟，在地愿为连理枝。

天长地久有时尽，此恨绵绵无绝期。

卖炭翁

卖炭翁，伐薪烧炭南山中。

满面尘灰烟火色，两鬓苍苍十指黑。

卖炭得钱何所营？身上衣裳口中食。

可怜身上衣正单，心忧炭贱愿天寒。

夜来城外一尺雪，晓驾炭车辗冰辙。

牛困人饥日已高，市南门外泥中歇。

翩翩两骑来是谁？黄衣使者白衫儿。

手把文书口称敕，回车叱牛牵向北。

一车炭，千余斤，宫使驱将惜不得。

半匹红绡一丈绫，系向牛头充炭直。

柳宗元（773—819年），字子厚，河东（现山西运城永济一带）人，唐宋八大家之一，唐代文学家、哲学家、散文家和思想家，世称“柳河东”“河东先生”，因官终柳州刺史，又称“柳柳州”。柳宗元与韩愈并称“韩柳”，与刘禹锡并称“刘柳”。

江雪

千山鸟飞绝，万径人踪灭。

孤舟蓑笠翁，独钓寒江雪。

小石潭记

从小丘西行百二十步，隔篁竹，闻水声，如鸣珮环，心乐之。伐竹取道，下见小潭，水尤清冽。全石以为底，近岸，卷石底以出，为坻，为屿，为嵁，为岩。青树翠蔓，蒙络摇缀，参差披拂。

潭中鱼可百许头，皆若空游无所依。日光下澈，影布石上，佁然不动；俶尔远逝，往来翕忽，似与游者相乐。

潭西南而望，斗折蛇行，明灭可见。其岸势犬牙差互，不可知其源。

坐潭上，四面竹树环合，寂寥无人，凄神寒骨，悄怆幽邃。以其境过清，不可久居，乃记之而去。

同游者：吴武陵，龚古，余弟宗玄。隶而从者，崔氏二小生：曰恕己，曰奉壹。

贾岛（779—843 年），唐代诗人，字阆（láng）仙，人称“诗奴”，与孟郊共称“郊寒岛瘦”，自号“碣石山人”。

寻隐者不遇

松下问童子，言师采药去。

只在此山中，云深不知处。

元稹（779 年—831 年），字微之，别字威明，河南府东都洛阳（今河南洛阳）人，唐朝著名诗人、文学家。少时即有才名，与白居易同科及第，并结为终生诗友，二人共同倡导新乐府运动，世称“元白”，诗作号为“元和体”。

离思五首・其四

曾经沧海难为水，除却巫山不是云。

取次花丛懒回顾，半缘修道半缘君。

李贺（约 791—约 817 年），字长吉，是“长吉体诗歌开创者”。其诗作想象极为丰富，经常应用神话传说来托古寓今，所以后人常称他为“鬼才”“诗鬼”。他是与“诗圣”杜甫、“诗仙”李白、“诗佛”王维齐名的唐代著名诗人，是中唐的浪漫主义诗人，与李白、李商隐并称唐代三李，是中唐到晚唐诗风转变期的一个代表者。

雁门太守行

黑云压城城欲摧，甲光向日金鳞开。

角声满天秋色里，塞上燕脂凝夜紫。

半卷红旗临易水，霜重鼓寒声不起。

报君黄金台上意，提携玉龙为君死。

## 第四章 晚唐文学

杜牧（803 年—约 852 年），字牧之，号樊川居士，京兆万年（今陕西西安）人，是唐代杰出的诗人、散文家。其因晚年居长安南樊川别墅，故被后世称为“杜樊川”，著有《樊川文集》。杜牧的诗歌以七言绝句著称，内容以咏史抒怀为主，在晚唐成就颇高。杜牧人称“小杜”，以别于杜甫“大杜”，其与李商隐并称“小李杜”。

过华清宫绝句三首・其一

长安回望绣成堆，山顶千门次第开。

一骑红尘妃子笑，无人知是荔枝来。

赤壁

折戟沉沙铁未销，自将磨洗认前朝。

东风不与周郎便，铜雀春深锁二乔。

泊秦淮

烟笼寒水月笼沙，夜泊秦淮近酒家。

商女不知亡国恨，隔江犹唱后庭花。

温庭筠（约812—约866年），本名岐，字飞卿，唐代诗人、词人，太原祁（今山西祁县）人，与李商隐齐名，时称“温李”。其诗辞藻华丽，秾艳精致，内容多写闺情，为“花间派”首要词人，被尊为“花间词派”之鼻祖，对词的发展影响较大。在词史上，他与韦庄齐名，并称“温韦”。

菩萨蛮

小山重叠金明灭，鬓云欲度香腮雪。懒起画蛾眉，弄妆梳洗迟。

照花前后镜，花面交相映。新帖绣罗襦，双双金鹧鸪。

李商隐（约813—约858年），字义山，号玉溪（谿）生，又号樊南生，晚唐著名诗人，和杜牧合称“小李杜”，与温庭筠合称“温李”，与李贺、李白合称“三李”。李商隐是晚唐乃至整个唐代为数不多的刻意追求诗美的诗人。其诗构思新奇，风格秾丽。

无题

相见时难别亦难，东风无力百花残。

春蚕到死丝方尽，蜡炬成灰泪始干。

晓镜但愁云鬓改，夜吟应觉月光寒。

蓬山此去无多路，青鸟殷勤为探看。

锦瑟

锦瑟无端五十弦，一弦一柱思华年。

庄生晓梦迷蝴蝶，望帝春心托杜鹃。

沧海月明珠有泪，蓝田日暖玉生烟。

此情可待成追忆，只是当时已惘然。

贾生

宣室求贤访逐臣，贾生才调更无伦。

可怜夜半虚前席，不问苍生问鬼神。

韦庄（约836—约910年），字端己，晚唐诗人、词人。韦庄工诗，与温庭筠同为“花间派”

代表作家，并称“温韦”，著有反映战乱中妇女不幸遭遇的长诗《秦妇吟》，与《孔雀东南飞》《木兰诗》并称“乐府三绝”。

菩萨蛮

人人尽说江南好，游人只合江南老。春水碧于天，画船听雨眠。

垆边人似月，皓腕凝霜雪。未老莫还乡，还乡须断肠。

## 第五章 五代文学

李煜（937—978年），初名从嘉，字重光，号钟隐、莲峰居士，生于金陵（今江苏南京），南唐最后一位国君。开宝八年（975年），李煜兵败降宋，被俘至汴京（今河南开封），封违命侯。太平兴国三年（978年）七月七日，其死于汴京，世称南唐后主、李后主。

李煜的词继承了晚唐以来温庭筠、韦庄等花间派词人的传统，语言明快，形象生动，用情真挚，风格鲜明。亡国后其词作更是题材广阔，含意深沉，在晚唐五代词中别树一帜，对后世词坛影响深远。

虞美人

春花秋月何时了？往事知多少。小楼昨夜又东风，故国不堪回首月明中。

雕栏玉砌应犹在，只是朱颜改。问君能有几多愁？恰似一江春水向东流。

相见欢

无言独上西楼，月如钩。寂寞梧桐深院锁清秋。

剪不断，理还乱，是离愁。别是一般滋味在心头。

浪淘沙

帘外雨潺潺，春意阑珊。罗衾不耐五更寒。梦里不知身是客，一晌贪欢。

独自莫凭栏，无限江山，别时容易见时难。流水落花春去也，天上人间。

# 参考文献


中文参考文献：

[1] 樊富珉，费俊峰 . 青年心理健康十五讲 [M]. 北京：北京大学出版社，2006.

[2] 方平，熊端琴，郭春彦 . 父母教养方式对子女学业成就影响的研究 [J]. 心理科学，2003，26（1）：78-81.

[3] 郭德俊，马庆霞，杨淑芬 . 竞争奖赏结构和自我概念对儿童成就归因及自我强化的影响 [J]. 北京师范大学学报（社会科学版），1994（5）：83-91.

[4] 郭成 . 青少年学业自我概念的理论与实证研究 [D]. 重庆：西南大学， 2004.

[5] 郭成 . 青少年学业自我研究 [D]. 重庆：西南大学， 2006.

[6] 黄希庭 . 人格心理学 [M]. 杭州：浙江教育出版社，2002.

[7] 黄丹媚，张敏强 . 中学生自我概念、学业归因与学业成绩关系的研究 [J]. 心理与行为研究，2004（2）：419-424.

[8] 雷雳，张雷 . 青少年心理发展 [M]. 北京：北京大学出版社， 2003.

[9] 李叶，田学红 . 初中生学业自我概念与学业成就的相关研究 [J]. 湖北民族学院学报（哲学社会科学版），2002，20（3）：76-79.

[10] 林崇德，杨治良，黄希庭 . 心理学大辞典 上 [M]. 上海：上海教育出版社，2003.

[11] 刘儒德 . 班主任工作中的心理效应 [M]. 北京：中国轻工业出版社，2012.

[12] 刘晓陵，张进辅 . 高一学生物理成绩、学习归因以及学业自我概念关系的研究 [J]. 西南师

范大学学报（自然科学版），2000（3）：114-119.
[13] 刘玉新 . 高中理科资优生学业自我概念的特点及影响因素的研究 [D]. 长春：吉林大学，2012.
[14] B.A. 苏霍姆林斯基 . 给教师的建议 [M]. 杜殿坤，编译 . 北京：教育科学出版社，1984.
[15] 唐晖华，刘志军 . 浅析学困生自我概念的成因及对策 [J]. 湖北教育学院学报，2006，23（4）：77-78.
[16] 王中会，许燕 . 学习风格、学业自我概念与学业成绩的关系 [J]. 中国临床心理学杂志，2005，13（2）：203-205.
[17] 郗浩丽，王国芳 . 青春期自我概念与心理健康关系的研究 [J]. 教育理论与实践，2005 ，25（10）：56-57.
[18] 辛世敏，郝春东 . 儿童自我概念与学业成就关系的研究综述 [J]. 北方论丛，2003（5）：122-123.
[19] 徐晓飞 . 学业自我概念研究的嬗变与启示 [J]. 安庆师范学院学报（社会科学版），2008（9）：28-29.
[20] 叶澜 . 让课堂焕发出生命活力 [J]. 河南教育，2002（3）：1.
[21] 姚计海，屈智勇，井卫英 . 中学生自我概念的特点及其与学业成绩的关系 [J]. 心理发展与教育，2001，17（4）：58-65.
[22] 詹启生，乐国安 . 自我概念的多层结构模型 [J]. 心理与行为研究，2003，1（1）：66-70.
[23] 张大均 . 教育心理学 [M]. 北京：人民教育出版社，1999.
[24] 张怀春，杨昭宁 . 师范大学生学业自我概念差异分析 [J]. 心理科学杂志，2003，26（2）：381.
[25] 周宗奎 . 青少年心理发展与学习 [M]. 北京：高等教育出版社， 2007.
[26] 朱晓红，马莲 . 论自我概念及其对现代教育的启示 [J]. 呼伦贝尔学院学报，2004 ，12（3）：41-42.
[27] 朱智贤 . 中国儿童青少年心理发展与教育 [M]. 北京：中国卓越出版公司，1990.
[28] 魏书生 . 好父母 好家教 [M]. 北京：文化艺术出版社，2012.
[29] 武泽涛 . 万唯中考试题研究 [M]. 乌鲁木齐：新疆青少年出版社，2018.
[30] 朱永新 . 走近最理想的教育：著名教育家朱永新教育精华 [M]. 广西：漓江出版社，2008.
[31] 吴明隆 . 班级经营与教学新趋势 [M]. 上海：华东师范大学出版社，2006.
[32] 中华人民共和国教育部 . 普通高中语文课程标准（2017 年版）[M]. 北京：人民教育出版社，

2017.

英文参考文献：

[1] BOGN M，CLARK R E. Comparison between self-concept and self-efficacy in academic motivation research[J]. Educational Psychologist，1999，34（3）：139-154.

[2] BYRNE B M. The general/academic self-concept nomological network：a review of construct validation research[J]. Educational Research Review，1984，54（3）：427-456.

[3] MARSH H W，PARKER J W，SMITH I D. Preadolescent self-concept：its relation to self-concept as inferred by teachers and to acadmic ability[J]. British Journal of Educational Psychology，1983，53（1）：60-78.

[4] MARX R W，WINNER P H. Self-concept validation research：some current complexities[J]. Measurement and Evaluation in Guidance，1980，13（2）：72-82.

[5] SHAVELSON R J，HUBNER J J，STANTON G C. Self-concept：vail-dation of construct Interpreations[J]. Review of Educational Research，1976，46（3）：407-441.

[6] SONG I S，HATTIE J A. Home environment，self-concept，and academic achievement：a causal modeling approach[J]. Journal of Educational Psychology，1984，76（6）：1269-1281.

[7] WYLIE R. The self concept. Sincoln，Neb：University of Nebraska Press，1974.

# 后记

经过自己近三十年的中学一线教育教学体会和对教育现状的观察，我选择了一个对自己富有挑战性的研究课题。为了顺利完成本论著，我常常苦苦思索书稿的框架和内容。鉴于中学一线教师工作的特点，每天头绪繁杂的日常工作不可能让我有更多的时间用于完成本书，但这段时间却成为我生活中最充实的时光。完成本书稿的过程不仅是一个艰辛的过程，更是一个理论提升、思想重塑的过程。

由于自我概念是教育学中最难的研究课题，再加上学业自我概念近些年才成为学者们研究的热点，书中对文献的搜集和整理还存在一定的局限性。作为一名一线普通教师，在本书的编写过程中，我深感力不从心，书中的很多内容都是边学习、边思考、边总结出来的。但值得欣慰的是，整理资料的过程也是理论和实践相结合的过程。

本书立足于自己多年来的教育教学实践，书中阐述了自己对学业自我概念的一些观点，并结合具体的案例深入浅出地介绍了自己的做法和经验，附录中收录了本人的论文及其他科研成果，希望本书能为一线教师提供一定的参考和借鉴。由于受本人的知识水平所限，书中难免有不妥之处，还请读者指正。

在本书的编写过程中，参考了很多前人的研究成果，也参考了网络上的一些资料，天津大学出版社为我提供了出版个人专著的机会，并提供了精心的指导和帮助，在此表示我最衷心的谢意！

编者

2019 年 5 月

于天津市南开区